JN439967

향기등대

초판 1쇄 인쇄 2015년 11월 20일
지은이 정해정
펴낸이 이승훈
펴낸곳 해드림출판사
주 소 서울 영등포구 경인로 82길 3-4(문래동1가 39)
센터플러스빌딩 1004호(우편150-091)
전 화 02-2612-5552
팩 스 02-2688-5568
E-mail jlee5059@hanmail.net

등록번호 제87-2007-000011호
등록일자 2007년 5월 4일

* 책값은 표지에 있습니다
* 잘못된 책은 바꿔드립니다

ISBN 979-11-5634-107-9

그림이 있는 에세이

향기등대

• 작가의 말

살아온 날이 날마다
자카란다 빛깔의 잔칫날

오월의 캘리포니아는 온통 연보랏빛 쟈카란다로 온 도시를 뒤덮습니다. 사월이면 가로수에 연보라빛 안개가 서리지요. 꽃 움이 튼다는 소식이랍니다. 아주 작은 종 같은 꽃들이 알알이 모여 가로수에 흐드러지게 피어나면 그 은은한 향기와 온통 보라색으로 덮힌 거리가 장관입니다. 저와 절친인 어느 동시 작가는 이민을 와서 살 곳을 정하는데 켈리포니아의 쟈카란다에 반해서 이곳에 눌러 앉았다고도 합니다.

오월 말쯤 되면 꽃이 지기 시작합니다. 연보라색 꽃눈이 날리기 시작하지요. 그런데 쟈카란다는 자기가 필 만큼 꽃자리를 폅니다. 작으면 작은 대로, 크면 큰 대로…. 자동차 위에도, 길거리에도 보라색 융단을 깝니다. 이때가 제일 예쁘답니다. 인생도 그러하기를 바랍니다.

저에게도 인생 종착역이 거의 왔음을 느낍니다. 지난 세월을 뒤돌아봅니다. 날마다, 날마다 '잔칫날'이었습니다. 내가 태어난 날, 우리 집 단골 산파 아줌마가 일곱 번째 쉰둥이를 받은 날부터였습니다.

맑으면 맑은 대로, 흐리면 흐린 대로, 안개가 끼면 그런대로, 폭풍우와 벼락과 번개가 치면 또 그런대로…. 어린 나이로 전쟁의 소용돌이를 치르고, 부모 형제를 잃고…. 그런 모든 것들도 생각해보면 죄다 잔칫날이었습니다. 늘그막에 우주비행사가 지구를 탈출하듯 서울 하늘을 탈출하고 태평양 건너 안개 속으로 이민을 온 것도 또한 잔칫날이었습니다.

미국 로스앤젤레스 다운타운에는 발가락이 뭉그러진 비둘기들이 셀 수도 없이 많이 종종거립니다. 나도 비둘기들처럼 이민 살이의 발가락이 뭉그러지면서 살았습니다. 무슨 인연이었는지 시인 고원 선생님을 만나 글을 배웠습니다. 이곳의 일간 신문(한국일보, 중앙일보)에서 등단도 하고 신문에 고정 칼럼도 썼습니다. 오래 전에 처음으로 삽화와 함께 동화집을 냈고, 몇 년 전에는 동인지를 만들었습니다. 거기에 저는 시와 단편소설과 동화와 동시를 실었었지요,

머뭇머뭇하다가 그동안 모아놓은 어쭙잖은 글들을 손보고, 더 어쭙잖은 삽화들을 모아 한데 묶기로 했습니다. 이것이 나의 잔칫날의 마지막 상차림이라 생각하고요. 이 조그만 책을 보고 혼탁한 이 세상에 미약하나마 〈향기등대〉가 되었으면 소원해 봅니다.

과분한 추천서를 써 주신 나태주 선생님, 이 책을 만들어 주신 이승훈 선생님, 그리고 항상 이 어미를 자랑스럽게 생각하고, 내 편이 되어준 우리 세 아이들과 가족, 이 책을 보고 나보다 더 기뻐할 내 동무들….

이 지상을 통해서 보랏빛 쟈카란다 향기에 사랑과 행복을 듬뿍 넣어 보냅니다.

2015.10. 로스앤젤레스에서

정해정

Contents

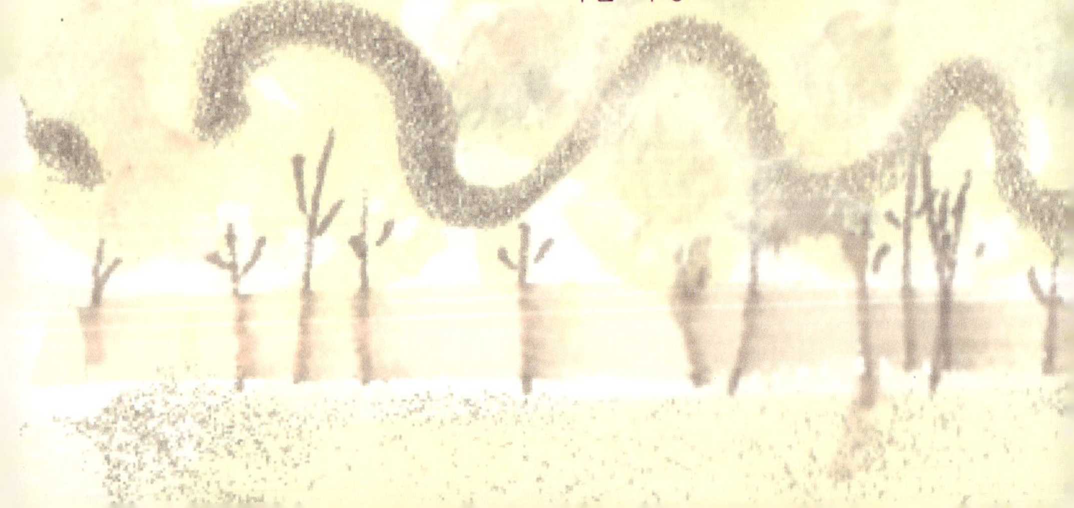

8월의 연

작년 8월이었다. 서울에서 여고 동창생 친구가 왔다. 미서부 관광을 마치고 돌아가는 길에 나를 만나러 LA에 들렀다 했다. 그날은 화씨 100도를 오르내리는 더운 날씨였기 때문에 나는 가까운 산타모니카 비치로 친구를 안내했다. 바닷가라 바람은 있으나 너무 많은 인파 탓인지 더위는 마찬가지였다.

우리가 놀이기구들이 있는 상가를 기웃거리고 있는데, 머리 위에서 뭔가 크게 푸드덕 푸드덕 하는 소리가 났다. 고개를 젖혔다. 시커멓고 커다란 독수리 형상의 연이 바닷바람에 날고 있었다. 그 뒤에는 형형색색의 울긋불긋한 연들이 긴 꼬리를 휘젓고 있었다.

친구가 "모든 것이 큰 미국은 연도 우악스럽게 크네." 해서 함께 웃었다.

연(鳶)이란 바람을 이용해 하늘에 띄우는 민속놀이다. 우리 민족에게 연은 하늘과 땅의 좋은 전달자라는 오랜 풍습이 있었다. 연은 오랜 옛날부터 동서양이 같이 있었다. 그런데 우리 민족의 하늘을 나는 욕구와 욕망을 상징하는 가오리 연이나, 전달자로 믿었던 방패연과 이곳의 연은 생김새도 그렇고, 크기와 느낌도 영 다르다.

친구와 나는 맨발로 바닷가로 나왔다. 순한 물결이 발목을 간질인다. 주로 고향의 많은 소식을 주고받았다. 지금

머리 위, 파란 하늘에 살아 움직이는 연에 관해서도 얘기를 나누었다. 우리 풍습에 연 날리는 시기는 섣달에서 정월 보름경이지만 현대에는 아무 때나 바람만 있으면 좋은 장난감이 되나 보다.

연(鳶)이란 바람을 타고 공중에 날리는 장난감에 불과하지만, 우리 선조들은 이런 하찮은 것에도 하늘과 땅의 연결과 중재를 기대하는 깊은 뜻을 담았다. 하늘에서 떨어진 별에 신의 뜻이 담겼듯이, 하늘로 띄워 올린 연에 소망을 빌고 액을 보내기도 한다.

하늘을 쳐다본다.

나는 연처럼 하늘을 날 수는 없다.

하지만 연을 날리는 자이기보다 연이 되고 싶다.

그러다 연실이 끊기면 파란색 하늘에 풍덩 빠져 어디론가 아득히 둥둥 떠나가고 싶다.

산타모니카 해변에서 더운 8월에 고향 하늘 쪽을 바라보며 잠시 연이 된다.

가는 세월

오랜만에 여고 동창생 셋이 날을 잡았다. 정신의학자 프로이트는 사람이 중년이 되면 누구나 연령 거부 현상이 일어난다고 했다. 어느새 노인이 다 된 친구들을 만나면 쏜살같이 가는 세월에 나이만은 마흔아홉 살로 영원히 못 박아 놓고 싶다며 웃는다.

아침부터 모든 일을 제치고 코리아타운 6가에 있는 데니스로 서둘러 나갔다. 타운 내에 사는 내가 제일 먼저 도착했다. 조금 있으니 글렌데일에 사는 친구가 미안, 미안, 하면서 들어온다. 뒤이어 어떤 여자가 짙은 선글라스를 끼고 문을 밀고 들어서더니 우리 쪽으로 웃으면서 온다. 약간 낯이 익은 얼굴인데 잘 모르겠다.

"야! 잘들 있었어?" 하면서 선글라스를 벗는데 우리 둘은 동시에 와- 하고 말았다. 눈하고 눈썹 사이에 두꺼운 지렁이가 붙어 있는 것 같다. 볼은 통통하다.

"서울에 간 김에 예전에 했던 쌍꺼풀 다시 손 좀 보고, 보톡스 좀 맞고 왔지."

"그 보톡스는 몇 개월 만에 다시 맞아야 한다면서?"

"여기도 시술하는 병원이 많이 있으니 걱정 없어."

낯설다. 목소리가 아니라면 영 모르는 사람이다. 그래도 우리는 곧장 얘기로 봇물이 터졌다. 주로 늙음을 인정하지 않고 싶다는 얘기였다.

'보톡스'는 그렇게 예뻐하며 키웠던 손자가, 한국에 다녀온 자기를 몰라보더라고 낄낄거렸다. 글렌데일 친구는 요즘 라인댄스에 푸욱 빠져 생활이 활기차다고 했다.

"우리 오랜만에 만났는데 복잡한 데니스에서 죽치고 있는 거 아깝지 않니?"

어디 분위기 좋은 데로 옮기자는 '보톡스' 제안에 윤정희 나오는 영화 〈시〉를 한 편 보고 바닷가 해 지는 근사한 카페에 가자고 말을 모았다. ‘보톡스’가 계산대로 간 사이 ‘라인댄스’가 나를 툭 친다. 내가 말했다.

“내비 둬. 걔는 여고 시절에도 화장하고 다녔잖아.”

우리가 극장에서 나왔을 때는 여름날의 오후가 붉은빛으로 익어 있었다. 평일이라 그런지 산타모니카 비치beach는 한산했다. 이런저런 생각에 잠겨 있는 사이에 목적한 카페에 도착했다. 파도가 철썩이는 바닷가의 카페는 짙은 커피색깔 나무로 된 근사한 곳이다. 어두컴컴한 실내는 향긋한 커피 냄새와 ‘엘 콘도 파사’(철새는 날아가고)가 카페 안을 가득 메우고 있어 우리들의 가슴도 파도처럼 일렁인다. 시간이 어정떠서인지 손님은 없었다. 덕분에 우리는 파도가 보이는 창가로 자리를 잡았다. ‘우리 나이에 차 한 잔을 마시더라도 이 정도 분위기에서 마셔야지.’ 다시 얘기는 세월이 너무 빠르다는 주제로 계속됐다.

카페 안에는 손님이 우리 세 사람밖에 없는 줄 알았는데 어쩌다 고개를 돌리니 저쪽 구석에 동양 여자 셋이 앉아 있다. 한 사람은 짙은 선글라스를 꼈다. 얼핏 보니 후줄근한 노인네들로, 우리가 고개를 돌리면 그쪽도 돌리고 우리가 웃으면 그쪽도 웃는다. ‘저런 노인네들도 분위기 찾는다고 이런 델 왔나 봐, 젠장 어울리지도 않구먼.’

아뿔싸! 어울리지 않은 그 여인들은 바로 우리 셋이 아닌가. 어두컴컴한 카페 한쪽 벽면이 거울로 되어 있었던 것이다. 우리는 누가 먼저랄 것도 없이 자리에서 일어났다. 밖으로 나왔다.

온통 세상이 붉은 색으로 물든 황혼이다. 붉은 색깔의 바닷바람은 우리들의 머리카락을 날리고, 물결은 주름지며 다가와 부서진다. 우리는 말을 잃고 수평선을 바라보며 서 있었다. '라인댄스' 가 느닷없이 노래를 시작한다.

"가는~ 세월~ 그~ 누우구가~~ 막을 수가~ 이~ 있나요오~."

가수 서유석의 특유한 콧소리를 흉내 내어 우리는 똑같이 웃었다. '보톡스' 의 짙은 선글라스 안에서 눈과 눈썹 사이에 빨간 지렁이가 실룩거렸다

세 노인의 맑은 웃음소리는 파도 소리에 섞이는가 했더니 다시 하얗게 젊음을 토해내고 있었다.

가을국화

고향에서 작은언니가 말린 꽃차 상자 하나를 보내왔다. 꽃을 좋아하는 언니가 마당에서 키운 꽃을 손수 말려 만든 것이라 했다. 언니는 국화 꽃잎 두어 개를 넣고 끓는 물을 부으면 된다고 했다. 향기도 좋고, 두통과 현기증 특히 불면증에 특효라고 덧붙였다. 나는 찻잔을 준비하고 언니가 지시한 대로 캐모마일이 아닌, 말린 국화꽃 두 송이를 넣고 뜨거운 물을 부었다. 정말 눈 깜짝할 사이다. 노오란 국화꽃 두 송이가 활짝 피어난 것이다. 꽃이 우러난 노르스름한

차 빛깔은 신비롭기까지 하다.

우리 선조들은 꽃을 대할 때 화사하고 아름다운 자태보다 꽃이 상징하는 내면의 아름다움을 더 취했다. 그래서 선비들은 의(義)를 맺을 때 자기가 키운 국화를 하나씩 가져와 접을 붙여 한 나무에서 두 가지 꽃을 피우게 했다는 것은 참으로 멋있고 아름다운 이야기이다.

나는 LA에서 살면서 다운타운에 있는 새벽 꽃시장을 자주 들른다. 사계절이 분명치 않은 이곳 시장을 들어서면 오만가지 꽃들이 저마다 자태를 빛내면서 활짝 웃는다. 그중에 국화는 장례식용으로 한쪽에 치우쳐 대접을 못 받고 있다. 요즘 사람들은 국화를 주로 조화(弔花)로 사용하며 돌아가신 분의 평화로운 휴식을 뜻한다 한다. 그것을 알고 난 이상 집에 들이는 것도 좀 그렇고, 누구 집을 방문할 때 사서 가기도 어쩐지 찜찜하다. 국화꽃을 좋아하는 나는 인연이 점점 멀어지는 것 같아 서운하기도 하다. 이런저런 생각을 하다 보니 어느새 고향의 들국화 만발한 언덕에 서 있는 착각이 든다.

내가 어렸을 적 엄마는 메밀 껍질이 아닌, 향기가 좋은 국화꽃을 정성 들여 말려서 베갯속에 넣어주셨다. 딸 중에서 유일하게 그것을 전수한 작은언니는 늙어가면서도 가을이면 국화꽃을 말려 속을 넣은 베개를 지금도 애용하고 있다.

고향에 가고 싶다는 생각이 왈칵 밀려온다.

작은언니랑 마주앉아 노오란 들국화가 둥둥 뜬 향기로운 국화차를 나누고, 국화꽃 베개에 누워 편한 한 낮잠이 들고 싶기 때문일까.

거라지 세일

미국 속담에 〈당신의 쓰레기는 나의 보물〉이라는 말이 있다.

언젠가부터 거라지 세일Garage Sale을 더듬는 취미가 생겼다. 주말이면 가까운 동네부터 뒤진다. 거라지 세일은 쓸모없는 물건들이 집에 모이거나 살림을 정리할 경우 집 앞 차고나 잔디밭에 내놓고 거래를 하는 조그만 개인 시장이라 할까.

어느 집이고 세월이 흐르다 보면 쓸모없는 물건들이 늘어나 공간을 차지한다. 이런 것들을 과감하게 헐값으로 필요한 사람에게 판다. 꼭 장사라는 목적보다 필요한 사람에게 양도하는 관습이라고 해야 맞는 말이겠다.

그러나 우리 한국 민족은 유별나게 중고 물품에 기피 현상을 가지고 있다. 그래서 그런지 거라지 세일을 돌다 보면 파는 사람도, 사는 사람도 한국 사람은 별반 눈에 띄지 않는다. 만약에 친지의 아기 돌이나, 새로 이사한 집에 집들이를 갔을 때 선물로 아기 헌 옷이나 헌 생활용품을 가져갔다면 주인은 그 자리에서 인연을 끊을 만큼 불쾌감을 느낄 것이다. 우리 식구들 역시 거라지 세일에서 물건을 가져오면 얼굴을 찌푸리기 때문에 몰래 감추어 깨끗이 닦아 정리해놓고 시치미를 떼기도 한다.

어느 날은 땅바닥에서 한국 책이 뒹굴고 있었다. 낯선 곳에서 친구를 만난 듯 반가웠다. 놀라워하는 내 모습을 본 흑인 남자 주인은 나를 힐끔 보며 책을 들고 롤롤…… 롤롤…… 읽는 시늉을 하였다. 너네 바이블이냐 면서 몽땅 1달러에 가져가란다. 열 몇 권의 한국문학전집을 1달러에 샀으니 그날은 큰 수확을 얻은 셈이다.

얼핏 생각하면 문명이 발달하고 부자인 서양 사람들은 모든 것을 쉽게 사고, 쉽게 버리는 사람들로 생각할지 모르지만 반대로, 우리보다 훨씬 더 작은 것도 아끼는 근검절약한 민족이 아닐는지. 거라지 세일에 나와 있는 물건들은 정말 쓰레기들이다. 그러나 필요한 사람이 가져가 다시 수명이 다할 때까지 쓸 수 있도록 배려함이랄까.

잔디밭에 뒹굴고 있는 한쪽이 금이 간 미국 자유의 종 하나를 집어 들었다, 25센트를 주인의 손에 놓아주었다. 이런 주물로 만든 종들이 여행지에서, 선물로, 혹은 거라지 세일에서 구입한 것들이다. 이런 종들이 200여 개가 넘게 우리 거실에 진열되어 있다. 종들을 하나하나 흔들어본다. 사람 얼굴이 다 다르듯이 종소리도 전부 다르다. 짤랑짤랑 맑은 종소리 들이 파란 하늘에 퍼지는가 싶더니 내 몸속으로 다시 스며든다.

'그대의 쓰레기는 나의 보물' 이라고 다시 중얼거려 본다.

개똥벌레의 여행

개똥벌레는 똥꼬에 불을 켜고 잠 못 이루는 사람들을 찾아 나섰습니다. 왁자지껄한 어느 집 창문을 들여다봤습니다. 부부가 싸우고 있네요. 이민 온 걸 후회하고 다시 돌아가자고 트렁크를 내놓고 짐을 싼다, 아니다 하고요.

'똑. 똑. 똑. 여보세요, 여보세요. 조금만 견뎌보세요. 폭풍우가 지나간 바위는 더 깨끗하고 더 튼튼하답니다. 그렇게도 힘들면 그 '힘듦'을 이리 주세요.'

통유리로 된 창문이 아름다운 주방에서 젊은 청년이 목을 매달려고 하고 있어요. 사랑하는 애인에게 실연을 당했다네요.

"저런! 저런! 아서요. 아서요. 이 세상 어느 것이나 인연이 아닐 수도 있답니다. 그녀와는 인연이 아니라 생각하세요. 더 좋은 인연이 무지개처럼 기다리고 있네요. '아닌 인연'을 이리 주세요."

개똥벌레는 '힘듦'과 '아닌 인연'을 가방에 넣고 갑니다.

잔디가 메마른 어느 집 안방을 조심히 들여다봅니다. 어느 여인이 이를 갈며 잠 못 들고 뒤척이다 한 줌의 약을 막 털어 넣으려고 하고 있어요. 바람이 난 남편을 도저히 용서를 못 한대요.

"잠깐! 잠깐만이요. 용서하세요. 가슴 아래 찌꺼기를 두지 마세요. 남아 있는 앙금이 종기가 되어 암이라는 큰 병이 된답니다. '앙금'을 이리 주세요."

개똥벌레는 '힘듦'과 '아닌 인연'과 '앙금'을 가방에 담고 갑니다.

개똥벌레는 똥꼬를 토닥거리고 다시 떠납니다. 공원 벤치에서 술병 속에 묻혀 몸을 가누지 못한 사람을 만났습니다. 이민 와서 피를 토하도록 일을 해서 모은 돈을 공항에서 이민 안내한 친구놈이 한입에 털어 넣었다고 길길이 뜁니다.

"제발! 제발. 잊으세요. 돈은 다시 모아질 수도 있어요. 잊지 못하면 그것이 때때로 당신의 가슴을 더 아프게 난도질할 겁니다."

개똥벌레는 '힘듦'과 '아닌 인연'과 '앙금'과 '난도질'을 가방에 담고 갑니다.

깜깜한 밤중인데도 걱정만으로 범벅이 된 사람들만 모여 철야기도를 하고 있습니다.

"걱정하지 마세요. 걱정으로 해결되는 일은 하나도 없어요. 오늘의 수고는 이것으로 끝이에요. 나머지는 내일 일이랍니다. '걱정'을 이리 주세요."

개똥벌레는 '힘듦'과 '아닌 인연'과 '앙금'과 '난도질'과 '걱정'을 껴안고 모두에게 말합니다.

"모두 무거운 마음의 짐을 내려놓으세요. 새털같이 가벼운 마음으로 잠이 들면, 틀림없이 찬란하고 기쁜 내일 아침이 기다리고 있을 거예요."

개똥벌레는 이 모든 짐을 가지고 산타모니카 바다 한가운데로 갑니다. 바다 한가운데서 가져온 모든 짐을 풍덩 내려놓습니다. 모든 잠 못 이루는 사람들은 하얗고 포근한 구름위에서 깊은 잠에 푸욱 빠져들었습니다.

"후유~"

한숨을 쉬는 개똥벌레에게도 어느새 분홍빛 새벽이 옵니다.

아! 가을 냄새

사철 꽃이 피어 있어 계절 감각이 둔한 이곳 LA에도 슬슬 가을 냄새가 나기 시작한다. 스산한 바람은 팜트리 머리 위로 하늘을 성큼 들어 올리고, 밤기운은 냉정하게 차다. 집 없는 고양이들은 털을 세우고 어슬렁거린다. 나무들은 미련 없이 잎을 하나씩 벗어버리기 시작했다.

'세상만사 맘먹기에 달렸다.'

이 말은 내가 평소 좋아하며 자주 쓰는 말이다. 나는 이 말을 하면서 잘 안 되지만 스스로 세상만사 좋은 쪽으로만

사계절로 친다면 겨울에 들어서 있는 사람으로서 인생무상과 허무를 느끼는 것도 사실이다.

그러나 가을은 풍성한 결실의 계절과 수확의 계절이니, 오직 풍요일 뿐이라고 맘먹는다. 봄은 물론 희망적이고 아름답다. 거기에 비해 가을은 지난날을 차분하게 돌아볼 수 있는 계절이니 봄처럼 화려하지는 않지만 우아한 매력이 있다고 할까.

어렸을 적 할머니가 들려줬던 옛날 얘기 끝에는 모두 '잘 먹고, 잘 살았단다.' 하고 종지부를 짓고, 우리 고전소설 역시 해피엔딩으로 끝을 맺는다. 재미있는 것은 이 얘기들의 마지막 경사가 일어나는 계절이 한결같이 가을이었으니…….

내가 우리 고향의 가을을 다시 생각한 것은 구한말에 한국에 온 선교사가 쓴 글을 읽고서였다. 그 글에는 한국의 가을 하늘은 세계 어느 나라 가을 하늘과 비교할 수 없이 아름답다고 예찬했다. 그때 내 기분은 어느 외국 사람이 나를 세계에서 제일 아름답다고 칭찬해준 것처럼 뿌듯했다. 그때까지만 해도 가을은 덥고 끈끈한 여름에서 벗어난 선선하고 쾌적한 기후의 계절이며, 봄은 여자가, 가을은 남자가 설레는 계절이라고 했다. 문명의 발달로 인구의 증가로 세상이 썩어가고, 사람의 마음도 더럽게 오염되어 가고 있는데, 우리 한국인에게는 변하지 않은 푸르고 청청한 가을 하늘이 있어 소중한 재산이 아닐는지.

가을 얘기를 하다 보니 고향의 가을 냄새가 그리워진다. 국화잎 넣어 새로 바른 창호지 문의 탱탱한 소리와 향긋한 종이 냄새, 색 바랜 머리칼 날리며 서걱서걱 우는 갈대의 몸짓, 시린 바람에 파르르 떠는 문풍지 소리, 건넛방에서 들려오는 외숙모의 다듬이 소리, 밤을 적시며 처마 끝에 떨어지는 밤 빗소리, 까치밥으로 남겨놓은 감나무 끝에 달린 빨알간 감 두어 알, 데굴데굴 굴러온 샛노란 은행잎, 마당가를 맴돌다 수숫대 위에 올라앉은 고추잠자리, 빈 제비집…….

'아! 아! 가을 냄새…….'

내 가슴속에 가을 냄새가 확 들어온다.

'그래. 세상만사 맘먹기에 달렸지.'라고 중얼거리며 국화차 한 잔을 챙긴다. 하얗고 조그만 들국화 두 송이가 둥둥 뜬 찻잔을 내려다본다. 나는 국화 찻잔에서 고향의 가을을 마신다.

고마운 소

소는 우리 인간과 너무나 가깝고 친한 짐승이다. 십이지의 두 번째로 옛날 농경사회에서는 없어서는 안 될 가축이고, 재산의 일부이기도 했다. 내 개인적으로는 지금까지도 잊을 수 없는 소에 대해 생생하고도 슬픈 기억이 하나 있다.

유년 시절 내가 자란 작은 섬에서의 일이었다. 섬의 서쪽 귀퉁이에 섬사람들의 발길이 뜸한 똥메 라는 곳이 있었다. 그곳은 밭이 없고, 언덕과 모래펄이 이어지는 곳으로 섬사람들의 묘지가 있는 곳이다. 그곳에 산딸기가 아무리 많다

해도, 산나리 꽃이 흐드러지게 피었다 해도 어쩐지 썰렁한 느낌이 들어 모두가 외면해 왔던 으스스한 곳이기도 했다.

내가 초등학교 들어갈 무렵이나 되었을까. 우리 둘째 언니가 목포 여학교 강당에서 그 당시에는 처음으로 신식 결혼식을 하고, 떡 벌어진 잔치를 했다. 섬사람들에게도 잔치를 하려고 소를 잡는 날이었다. 가난하고 조그마한 섬이라

우리 집에서 소나 돼지를 잡는 날이면 온 섬이 며칠씩 포식을 하는 날이기도 했다. 섬사람들 전체가 들떠 있었다. 해거름 때였다.

동네 아저씨들이 우리 소 누렁이의 코뚜레를 붙잡고 똥메로 끌고 간다. 누렁이는 어찌 눈치를 챘는지 안 가려고 죽을힘을 다해 다리를 버티고 안간힘을 쓴다. 뒤돌아보며 울고 있다.

"음매~~ 음매~~ 음~매~~"

그 슬픈 울음소리는 섬을 울려 징소리처럼 메아리쳐 내 가슴에 아픔으로 꽂힌다. 어린 나는 누렁이가 불쌍해서 가슴을 졸이며 굴뚝 뒤에 숨어 그 광경을 보고 있었다. 누렁이 눈과 내 눈이 마주쳤다. 나는 순간 온몸에 전기가 흐르듯 짜릿해서 몸서리를 쳤다. 그렁그렁 눈물이 고인 커다란 눈망울…. 누렁이는 지푸라기라도 붙잡고 싶었을까.

해거름 섬에서 울렸던 낮고 굵은, 그리고 맑은 소 울음소리와 그렁그렁한 눈망울이 내게는 슬픈 기억으로, 아픈 상처로 남아 있었던지 나는 어른이 되어서까지 소고기를 먹지 않았었다.

또 하나. 사춘기 시절에 우연히 황순원의 단편소설 송아지를 읽고 그때를 생각하고 가슴 아파하고, 또 울고는 했었다.

소라는 짐승은 미련스럽도록 우직하게 일만 한다. 코뚜레까지 끼고 묵묵히 끌려다닌다. 살아서는 젖과 노동을, 죽어서는 살과 뼈는 물론이고, 꼬리, 쓸개, 털까지 고스란히 사람에게 바친다. 희생, 그 자체라고 봐야 하겠다. 집에서 기르는 소를 한솥밥을 먹는 식구로 생각했다. 한집에 사는 하인의 신분으로 쳐주어 정월 첫 축일에는 일을 시키지 않았으며, 쇠죽에 콩을 많이 넣은 특별식을 해 주었다는 기록도 있다.

민담으로 내려오는 소에 관한 재미있는 이야기 하나.

황희가 젊은 시절에 길을 가다 어떤 농부가 소 두 마리로 밭을 갈고 있는 것을 보게 됐다.

"어느 소가 밭을 더 잘 가느냐"고 묻자 농부는 바싹 귀엣말로 가만히 말했다.

"오른쪽 소가 더 잘 간다."

"어째서 귀엣말을?"

"비록 짐승일지라도 사람의 마음과 다를 바 없으니 왼쪽 놈이 듣는다면 기분 나쁠까 봐……."

소는 풍요의 상징이라는 것은 동서양이 같은가 보다. 소를 세계의 창조자이며 인간을 양육한다고 믿는 인도에서는 소를 사람보다 더욱 존중한다. 불교에서 소는 인간이 찾아야 할 참마음을 나타낸다고 한다.

나는 이웃에게 소보다 몇십 분의 일이라도 희생할 수 있는 삶을 살 수는 없는지, 나를 한 번 다시 돌아본다.

고맙다 봄아

새벽 일찍 눈이 떠질 때가 가끔 있다. 그런 날은 걸어서 동네 성당에 새벽 미사에 다녀온다. 며칠 전 그날도 그랬다.

사계절이 분명치 않은 이곳에도 자욱한 새벽안개로 봄은 오나 보다. 한 무리의 작은 새 떼들이 가로수에서 파편처럼 쏟아져 나와 안개 속을 뚫고 하늘로 오른다. 봄은 곧 생명이요. 생명은 곧 꿈이 아닐까 하는 생각을 하면서 되도록 천천히 걸었다.

나무들 가지치기 한 집들이 더러 눈에 뜨인다. 잔 나뭇가지를 쳐서 길가에다 쓰레기로 쌓아놓은 어느 집 앞을 지날 때였다. 걸음을 멈추고 자세히 보니 버려진 나무에 꽃눈이 다닥다닥 붙어 있는 것이 아닌가.

나는 그 나뭇가지를 한 아름 안고 집으로 왔다. 빈 김치병을 깨끗이 헹구어 넓은 리본으로 묶어주니 꽃병으로는 그럴싸하다. 물을 담아 나뭇가지를 듬뿍 꽂아 햇빛이 잘 드는 거실 창가에 놓았다. 꽃을 피워 봄을 제일 먼저 알린다는 홍매화였다.

봄이 터진 것이다.

우리 거실에는 금세 봄이 가득해졌다. 나는 너무 신기하고 반가워 홍매화 곁을 서성이다가 나뭇가지 사이로 아기 머리카락보다 더 가는 줄이 보일락 말락 그어져 있는 것을 발견했다. 나뭇가지가 올 때 거미란 녀석이 붙어온 모양이다. 거미를 찾아보니 너무 작아서인지 어디 숨었는지 보이지 않는다. 나는 행여 거미란 녀석이 놀래 도망갈까 봐, 거미줄이 다칠까 봐, 조심조심 홍매화 꽃망울이 더 편하게 터질 수 있도록 가지를 만져주었다. 어떤 가지는 벌써 연두색 이파리를 내민 녀석도 있다.

우리 집을 방문한 사람들은 "야! 봄이네." 하면서 하나같이 꽃 이파리를 만져본다. 가짜가 판치고 있는 세상에서 살고 있으니 무리는 아니다.

봄…… 봄……

따스하고 보드라운 봄기운은 돌 속에서도 싹을 틔우고 싶은 마음을 넣어준다고 하지 않던가. 하찮은 것이지만 생명이 있는 저들은 어떤 환경에서나 최선을 다해 자기의 몫을 해내고 있다는 생각이 문득 들자 부끄러워진다.

나는 가만히 중얼거린다.

"매화야. 거미야. 그리고 봄아! 정말 고맙다."

고향에서 온 부채

고향에서 미술대학교에 교편을 잡고 있는 큰조카가 인편으로 부채 하나를 보내왔다. 반가운 마음에 부채를 좌르륵 펴봤다. 부채 속에는 진달래꽃이 가득 차 와르르 쏟아진다. 이모가 건강하기를 바란다는 말과 날짜와 이름이 적혀 있다. 부채 그림은 봄에 그렸나 보다. 적힌 날짜가 4월이다. 조카와 나는 어렸을 적, 한집에서 같이 자라온 터라 60이 훨씬 넘은 그 아이가 손아래 동생처럼 정이 있어 내 곁에 나타난 것처럼 반가웠다. 부채에 대하여 이곳저곳 재미있는 자료를 찾아봤다.

예로부터 우리 선조들은 부채를 단지 더위 쫓는 도구로만 생각하는 것이 아니었다. 우리 전통 예술 중 판소리나 무당 굿을 할 때 부채가 지닌 상징은 대단했다. 폈다가 접는가 하면 말이나 노래나 동작을 보충해주는 역이었다. 나라의 임금이나 집안에 상을 당하면 그림이나 글씨가 없는 하얀 부채를 2년간 지니고 다녔다 한다. 이것은 얼굴을 들 수 없는 부끄러운 일이라는 표시였다.

쥘 부채는 접었다 폈다 하는 구조로 여자의 순결에 비하기도 했다. 이 부채를 선물하여 순결을 지키고 기다리라는 사랑의 약속이기도 했다 한다. 기방에서도 기생이 맘에 든 사람이 생기면 가만히 자기 부채를 접어 그 사람 앞에 밀어 놓았다는 얘기도 있다.

지금 우리는 선풍기가 더운 바람을 몰아내고 에어컨은 더운 바람을 찬바람으로 바꾸는 세상에서 살고 있다. 그러나 부채를 보면 반가움을 느끼고 부채 바람에 향수를 느끼는 것은 부채의 실용성보다 부채가 지니고 있는 상징성 때문이 아닐는지.

또 하나 재미있는 사실은 부녀자들이 외출할 때 반드시 부채를 가지고 다닌 까닭은 더위를 쫓기 보다는 얼굴을 가리려는 용도였던 것이다. 사내들 눈살을 가릴 때. 안 보는 척하면서 보고 싶을 때. 얼굴을 붉힐 때. 귀엣말을 할 때. 웃고 싶을 때. 덧붙여 댕기 잡으려는 총각 놈 손을 내리칠 때…….

옛날에 수령이나 무관들도 부채를 휴대했는데 이것은 바람을 내는 용도가 아니라 아랫사람을 지휘하는 도구였다. 부채를 내리침으로 견책을 표시했고, 부채를 접었다 폈다 하므로 심경이 불편함을 나타냈다.

우리 옛 문화에 부채가 일으키는 바람에는 농사에 필요한 바람을 날려 보낸다고 해서 가뭄이 심하면 부채를 사용하지 못하게 하는 명을 임금님이 내리기도 했다. 그리고 쥘 부채는 결의나 서약을 할 때 마음을 묶어두는 유형의 증거물이었다. 다수의 부챗살이 한데 결속되어 있으므로 일심동체를 다질 때 신물(神物)로 사용되기도 했다 한다.

나는 다시 조카가 보내준 부채를 조심히 열어본다.

얼굴 가까이 살랑살랑 부쳐본다. 진달래꽃이 피어나면서 조카의 마음이, 고향의 향기가 진달래 향기로 쏟아진다.

그림 같은 시,
시 같은 그림

지난번에 잠깐 서울에 다녀올 일이 있었다. 방배동에 산다는 친구 집에서 마침 고향 친구들이 모이는 날이라고 나를 그 자리에 초대했다. 친구가 방배동 지하철역으로 마중 나와 로열 빌라라는 근사한 이름을 가진 아파트에 들어섰다. 이름에 걸맞게 내부도 대리석과 원목으로 화려하게 꾸며져 있다.

'이런 것들이 다 비싼 수입품일 텐데…… 한국 사람들은 잘도 사는구나.' 하고 속으로 생각하며 어정쩡하게 거실로

안내되었다. 시간이 이른 지 아직 친구들이 도착하지 않아 푹신한 소파에 앉아 거실을 둘러보았다. 한쪽 구석에는 한 아름도 훨씬 더 되는 일본제 청자 화로에 연분홍빛이 도는 양란이 서른 개도 넘게 꽃을 피우고 있으니 은은한 향기와 아름다움이 그야말로 장관이다.

그것보다도 나를 숨 막히게 한 건 양란 위에 붙은 그림이다.

'아! 저 그림!' 신경호의 '넋이라도 있고 없고'가 아닌가. 크기는 대충 90*150cm 정도이다. 그 그림을 보는 순간 지금 만나려는 고향 친구들보다 훨씬 더 가슴이 두근거린다.

그림은 희뿌연 하늘을 배경으로 맨 아래는 기와지붕 끝만 보인다. 그림 중심에는 길게 대나무 한 그루가 서 있고, 대나무 오른쪽으로는 새빨간 치마 같은 깃발이 휘날린다. 반대편에는 허연 동그란 무리 속에 노란색으로 달 인지 해 인지 울듯이 떠 있다. 얼른 보면 어린아이들도 쉽게 따라 그릴 것 같은 민화 비슷한 아주 단순한 그림이다.

그림에 빨간 치맛자락 같은 깃발이 아주 인상적이다. 그림 제목에서 풍기듯이 이것은 불꽃으로 펄럭이는 넋이 아닐까. 광주 비극의 아픔과 삭히기 어려운 한이 서려 있다는 생각이 자꾸만 든다.

오래전에 들은 소문에는 이 그림으로 전두환 시절, 정보부인가 어딘가에서 빨간 깃발이 인공기로 적화를 선동하는 내용이라고 작가가 큰 곤욕을 치렀다는 소문을 듣고 나는 혼자서 분개했었다.

그림 같은 시, 시 같은 그림 속에 묻혀 지금쯤 육십이 훨씬 넘었을 신경호를 나는 한 번도 만난 적은 없다. 그러나 그의 작품을 대할 때면 늘 내 곁에 가까이 있는 친한 친구처럼 느껴진다. 나와는 동향이기도 하고 그의 부친은 아름답고 조용한 소록도라는 조그만 섬에서 나환자를 돌보는 병원장으로 십수 년을 보내신 신 바이처라는 별명을 가진 훌륭한 분이시기도 하다.

신경호는 애초부터 국전을 거부한 점이라든가, 우리 민화와 우리 색채에 남달리 몰두했던 점이 마음에 드러나는 신경호와 신경호의 작품을 유난히 사랑한다.

한 줌의 재가/ 한 그릇의 시간이 되었을 때/ 호젓한 자유를 만끽하는/ 사신의 외출.

독방의 비구상/ 그 주인공은 피로 자화상을 그리고/ 새벽에는 눈물로 붓을 빠는/ 화가가 된다.

신경호의 '성년의 구도' 중에서 일부분

나는 가끔 신경호의 그림 같은 시, 시 같은 그림을 생각한다. 그리고 이쪽 면으로 거리가 먼 방배동 친구한테 '그 그림 어디서 구했냐' 고 물어볼 걸 그랬다 하는 아쉬움도 있다.

나도 그림 같은 시를 쓰고, 시 같은 그림을 그리며 살고 싶다.

도라지 꽃

지난번에 친구에게서 더덕 씨를 조금 얻어다 큼직한 화분에 뿌려 놓았다. 정성 들여 물을 주었더니 얼마 있다가 싹들이 푸릇푸릇 올라온다. 그런데 놀라운 일은 싹 하나가 쑤욱 올라온 것이다. 이 녀석만 영양 과잉인가. 돌연변이인가. 며칠이 지나자 쑥 올라온 그 싹에서 보라색 작은 꽃봉오리가 송알송알 맺혔다.

다음 날 아침이었다. 보라색 꽃봉오리 하나가 밤새 컸는지 몽우리를 터뜨리고 꽃으로 피어난 것이다. 깜짝 놀랐다. '어머머! 도라지꽃 아냐? 도라지꽃……' 나는 누가 옆에라도 있는 것처럼 흥분해서 말했다. 더덕 씨가 오면서 도라지 씨 한 녀석이 따라왔나 보다. 각이진 남보라 빛 얇은 꽃잎 다섯 개가 살포시 피어나고 있는 것을 들여다보고 있자니 지금 살아 계신다면 백 살도 훨씬 넘었을 엄마의 얼굴이 겹쳐온다.

유년시절, 내가 자랐던 섬에서의 일이다. 무화과를 따러 바가지를 들고 뒷마당으로 나가는 엄마의 치맛자락을 잡고 따라 나갔다.

엄마는 무엇을 발견했는지 애들처럼 화들짝 놀라며 담벼락 밑에 쪼그리고 앉았다. 그 옆에 나도 따라 쪼그리고 앉았다. 풀숲에 피어난 도라지꽃을 본 것이다. '아이고. 도라지꽃이네. 예쁘기도 해라. 우리 막둥이 얼굴 같네.' 하며 웃음 가득한 눈으로 나를 본다.

"아가. 이거 볼래?"

엄마는 발밑에 지나가는 아랫도리가 통통하고 큼직한 개비 한 마리를 잡아 도라지꽃 속에 넣고 조심히 꽃잎을 오므렸다.

참 신기한 일도 다 있다. 보라색 꽃이 서서히 꽃분홍색으로 변하고 있는 것이 아닌가.

"엄마. 왜 이래?"

"꽃 마음을 개미란 놈이 알아 버린께 부끄러워서 그런단다."

엄마는 웃으면서 말했다. 그러면서 혼잣말로 말했다.

"하찮은 풀꽃도 속맘을 알아 버리믄 부끄럼을 아는디……."

엄마는 혼자 말이었지 어린 나를 보고 들으라고 한 말은 아니었을 거다.

그런데 오늘 이 꽃을 들여다보고 반세기도 훨씬 지난 시절에 엄마가 혼잣말로 흘린 이 말이 왜 생생하게 떠오르는지.

'하찮은 풀꽃도 부끄럼을 아는디…….'

이 글을 쓰면서 도라지꽃에 대해 좀 더 알고 싶어 자료를 찾아보았다.

도라지꽃은 초롱과 식물이며 꽃말은 '영원한 사랑'. 더욱 재미있는 것은 개미의 분비물이 꽃잎에 닿으면 분홍색으로 변한다는 것이다. 지금은 아랫도리가 통통한 개미가 없어 도라지꽃 속에 넣어볼 수 없어 약간 섭섭했다.

부끄러움을 아는 꽃. 도라지 꽃.

나는 날마다 크고 작은 일에 얼마나 부끄러운 짓을 수도 없이 많이 하면서 얼굴 하나 붉히지 않고 살고 있는가.

새삼스럽게 도라지꽃 속을 보면서 내 속마음을 들여다본다.

매미는 시인이었다

하얀 눈이 덮인 날, 창문 안에는 주황색 따뜻한 불이 켜진 식탁에 개미 식구들이 오순도순 모여 있다. 현관 밖에는 다 떨어진 옷을 입고, 달랑 낡은 기타 하나를 멘 거지 매미가 문을 두드리고 있는 모습이다. 매미는 여름 내내 노래만 부르며 살았다. 반면 개미는 부지런해서 열심히 일을 하여 겨울을 따뜻하게 지낼 재산을 모았다. 사람이 게으르게 놀기만 하면 안 된다는 교훈이다.

나는 그런 매미가 불쌍해서 매미 편에 서서 한 번 생각해

봤다.

매미는 가을을 살려온 귀뚜라미에게 말한다.

“나는 단 보름을 세상에서 살려고 오 년을 땅속에서 살았단다. 미국 매미는 17년을 땅속에서 살기도 한다더라. 내가 굼벵이로 살다가 세상에 나온 어느 초여름 날이었지. 등이 쫘악 갈라지는 기적, 그것은 틀림없는 기적이었어. 거기에서 뭐가 나왔는지 알아? 결 고운 레이스 같은 날개야, 날개…….

나는 어제의 추억에 매달린다거나, 허황한 내일의 꿈을 바라고 살지는 않았지. 어제의 내일이 바로 오늘이고, 내일의 어제가 바로 오늘이야. 세상에는 오늘을 헤프게 사는 사람들이 너무나 많지. ‘하아~ 많고 말고.’ 나는 오늘만을 위해서 열심히 노래만 불렀다네. 내일을 기다리며 세월을 허송하기에는 내 인생이 너무나 소중한 게야. 그러니까 쉼 없이 흘러가는 시간이 너무 아까웠지. 악보도 없이 그냥 가슴

이 터져라 하고 노래를 불렀어. 노래를 부르지 않으면 금방 벼락이라도 떨어질 듯이 그냥 가슴이 터져라 하고…….

그리고 말이야. 하루살이는 단 하루를 살려고 이 년을 기다린다네."

가수 매미는 가을을 살러 온 귀뚜라미에게 할 말을 다 했다는 듯이 미소를 지었다.

그러고 나서 낙엽처럼 옷을 벗고 편안한 잠 속으로 들 채비를 한다.

오늘을 충실하게 살다 간 매미는 가수였다.

맑은 이슬만 먹고 청빈하게 살았던 깨끗한 시인이었다.

집을 짓지 않고 나무 그늘에서만 살았던 욕심 없는 철학자였다.

오 년을 기다려 보름을 열심히 살다가 여러 번의 옷을 아낌도, 미련도 없이 벗어버리고 빈 마음으로 떠난 수도자였다.

이제는 그 매미의

노랫소리를 들을 수는 없겠지만, 매미의 아들, 손자, 며느리의 맑은 노랫소리가 오래도록, 오래도록 이어지리라 믿는다.

믿고 사는 세상

토런스에 사는 친구에게서 오랜만에 전화가 왔다. 안부 겸, 너무 분한 일이 있어 다이얼을 돌렸노라 했다. 무슨 분한 일이냐고 물었더니, 요즘 한참 신문과 라디오, TV에서 고국의 중소기업을 살리자 하는 광고가 요란하기에 꼭 필요한 것이 있어서라기보다도 뭔가 동참할 수 있을까 하고 시간을 내어 지정한 장소에 갔다고 했다.

광고와는 다르게 매장에는 물건의 종류도 수량도 너무 적었다. 친구는 어리석게도 '아, 나 같은 사람들이 벌써 많이

와서 다 팔렸나 보다.' 하고 뿌듯한 맘까지 들었다.

일하는 사람에게 지나는 말로 물었다.

"광고 나온 지 며칠 안 됐는데 왜 물건이 이렇게 없어요?"

"이것들은 다 샘플이고 진짜 물건은 지금 배로 오고 있는 중이에요."

전혀 손님한테 미안한 태도가 아니더란다. 물건도 오기 전에 광고부터 한 것이라 약간 김이 빠졌으나, 여름 돗자리가 몇 개 새워져 있기에 보니 가격이 싸질 않았다. 또 어차피 동참하러 온 거니까 하고 두 개를 자동차에 실었다.

집에 와서 더 분한 일이 생겼다. 돗자리는 한국 제품이 아니라 중국 제품이었다. 친구는 전화기에 대고 길길이 뛴다. 야무진 친구의 얼굴이 보이는 듯했다. 친구는 계속 퍼붓는다. 동네 한국 엄마들도 비슷한 불만을 터놓는다고 했다.

5~60% 세일한다고 해서 가보면 딴소리고, 한국 중소기업을 살리자고 해서 가보면 그 집 물건은 90%가 중국제라고

했다. 과대광고를 내보내는 언론도 문제라고 침을 튀겼다. 친구는 좀처럼 흥분이 가라앉지를 않는다. 우리 모두 합심해도 어려운 이 판국에 애국을 앞세워 동포들을 우롱하고 한몫 잡자는 수작이라고 했다.

내가 말할 틈도 주지 않고, 나하고 싸우는 것처럼 떠들기에, 언제 한 번 만나 저녁이나 먹자고 달래 수화기를 놓았지만, 이 얘기를 들은 나는 잊고 있었던 어떤 배신감이 다시 살아났다.

작년 일이다. 딸아이로부터 재킷 하나를 생일 선물로 받았다. 딸아이는 퇴근길에 한인타운에서 급히 샀으니까 맘에 들지 않으면 언제든지 교환해도 된다고, 그 상점에서 다짐을 받았노라 했다.

한국 유명 상표로 수월찮은 액수였다. 옷이 약간 끼는 듯하여 한 치수 올려 바꾸려고 다음 날 그 가게를 찾아갔다. 내가 원하는 옷이 지금 배로 오고 있으니 옷은 놓고 가고, 일주일 후에 들르라고 했다. 일주일 후에 다시 갔다. 또 다음 일주일로 다시 늦춰졌다. 그냥 그 옷으로 가져올까 했는데 이미 그 옷은 팔려버렸다 한다.

세 번째 그 가게를 찾아간 날. 가게는 텅 비어 모두 철수를 해버렸다. 놀라서 옆집에 물어보니 일주일 전에 문을 아주 닫았다고 한다. 옆집 사람 말은 나 같은 사람이 한둘이 아니라고 한다. 그때 내 심정은 배신감에 가슴이 떨렸다. 그 후 딸아이한테는 미안하고 어쩐지 부끄러워 그 일을 말할 수 없었다. 이런 비슷한 경험을 말하는 사람들을 자주 본다. 그들은 하나같이 한국 상점을 아예 외면한다고 했다.

몇몇 사람들 때문에 정직하고 열심히 사는 더 많은 우리 동포들은 덤으로 손해를 보고 있는 것 같아 안타깝다. 고국의 경제 사정이 엉망이고, 너도나도 힘을 합해야 난국을 넘긴다는 것은 기정사실이다. 작은 것부터 서로 믿고, 힘을 합하여 차근차근 살아갈 수는 없을까.

고향을 떠나 이민 길에 오른 것은 팔자 센 사람들이라 한다. 고향을 등진 팔자 센 사람들끼리 언제까지 믿지 못하고 살아야 하는지. 사람도 광고도, 믿고 사는 세상은 영영 오지 않고 마는 것인지 참으로 궁금하다.

삶의 향기

보스턴에 사는 친구하고 얘기를 나눈 적이 있었다.

"사계절이 없는 밋밋한 LA에서 사는 재미가 어떠냐? 나이가 들수록 춥지도 덥지도 않은 온화한 날씨에, 사철 꽃이 만발한 곳이 LA 말고 또 어딨냐?"

"얘! 그런 말 마. 나이가 들수록 추운 겨울이 있어야 봄의 희망이 있고, 향기 없는 꽃은 만발해 봤자 별 볼 일 없어."

친구의 말대로 캘리포니아에서 사철 피고 지는 꽃에는 향기가 없는 꽃이 많다. 나비와 꿀벌도 보기 힘들다. 그것도

그럴 것이 어느 한 철만 꽃이 핀다면 꽃피는 계절에 희망을 걸고 향기를 저장하고 꿀을 모을 텐데 일 년 내내 꽃이 피어 있어 힘들게 일을 할 필요가 없다. 나비와 꿀벌들은 어디서 뭘 하는 걸까. 낮잠이라도 자는 걸까.

며칠 전 일이다. 타운에서 문을 연 후배의 커피 전문점에 들른 적이 있다. 낮이어서 그런지 손님은 없었고, 내가 들어서니 후배는 반갑게 맞아준다. 종업원인 듯 한국 아가씨 하나가 나를 멍하니 쳐다본다. 날씬한 몸매에 잘생긴 얼굴이다. 그런데 표정이 없다. 향기 없는 꽃처럼 보인다. 주인의 지시대로 부스스 일어나 우리 테이블과 카운터 사이를 마지못해 게으른 걸음으로 왔다 갔다 할 뿐이다.

"젊은 애가 왜 저렇게 맥이 없냐?"

"한국서 온 유학생인데 요즘 저런 애들이 얼마나 많은데요. 사는 게 통 재미가 없다나? 옷치장도 맛있는 것도 남자친구도 나이트클럽까지도 흥미조차 없대요. 그냥 시간만 때우면서 지내는 거래요."

후배는 작은 소리로 다시 말한다.

"심심해서 못 살겠다는 저런 애들보다 사실은 무턱대고 외국 유학을 보내놓고 맘이 안 놓이니까 좋은 차 사 주고, 넘치도록 돈을 대주는 어른들이 문제지요."

나는 그 아이를 다시 봤다.

"공부에는 취미가 없지. 노력하지 않아도 편히 살 수 있는 처지에 호기심 나는 것은 다 해봤지. 그래서 목표는 상실되고 생활이 권태로워지는 자연현상이야. 사회복지가 잘된 나라일수록 자살자가 많다지 않디?"

그 아이는 카운터에서 머리를 박고 졸고 있다.

유학생이라고 다 저럴까만 피나게 공부하는 많은 유학생들과 여기서 자란 건전한 아이들한테 나쁜 영향을 주지 않

았으면 좋으련만…….

흔한 속담으로 "젊어서 고생은 금을 주고 산다."는 말이 있다. 인생이 얼마나 힘들며 반면 얼마나 값진 것인가 하는 사실을 체험으로 깨닫게 해주고 싶어서 생긴 말일 것이다.

미국에서도 애들에게 자립심을 길러주는 교육인지 초등학생이 되면 초콜릿을 팔게 하는 프로그램이 있다. 마켓 앞이나 길거리에 어린애들이 초콜릿 상자를 들고 땀을 뻘뻘 흘리며 뛰어다니는 것을 종종 본다. 나는 그럴 때마다 한국 아이들을 찾아보려 하나 한 번도 본 적이 없다. 자식을 지극히 사랑하는 나머지 학부모들이 직장에서, 교회에서, 본인 주머니에서 다 해결해주는 탓이라 한다.

우리 엄마는 내가 자랄 때 늘 말씀했다.

“분수를 지킬 줄 알아야 복이 내린단다.”

모양내기 좋아하는 내가 허영에 들떠 분수에 넘칠까 봐 걱정이 되셨던 모양이다. 나도 아이들을 기르면서 우리 엄마가 내게 한 것처럼 “분수를 지켜야 복이 내린다. 그리고 분수를 모르면 푼수가 된단다.”라고 일렀었다.

보스턴 친구에게 보낼 예쁜 카드를 그려야겠다. 거기에는 이렇게 쓰리라.

‘올겨울은 보스턴에 가서 너랑 같이 봄을 기다려 보고 싶은데 어떻겠니?’ 라고.

비둘기 발가락

미국에서 보는 모든 것들은 내가 살아온 한국 것들과는 모양새가 조금씩은 다르다. 특히 조류가 그래서 약간은 낯설다. 그러나 비둘기만큼은 낯설지가 않다. 비둘기 본산지는 원래 서양이라고 하지만 한국 것과 조금도 다르지 않아 어쩔 땐 나처럼 이민자라는 착각이 들기도 한다. 지금은 까마득한 고향에서의 어린 시절 이야기다.

아버지가 동네서 비둘기 한 쌍을 얻어 오셨다. 바로 사람을 시켜 지붕 위에다 큼직한 집을 지어 비둘기들의 살림을 차려주었다. 한데 며칠 지나자 큰일이 났다. 비둘기가 알을 품었는데 어른 팔뚝보다 더 두꺼운 구렁이가 기둥을 타고 지붕 위로 올라간 것이다. 그리고 비둘기의 신혼집을 더듬어 알을 먹어버렸다. 그런 난리가 있었는데도 비둘기들은 어찌나 번식을 잘하던지 식구가 금방 늘어 툇마루며 마당이 깨끗할 날이 없었다. 살림을 돌보던 바지런한 끈님이 성이 빗자루를 들고 비둘기들을 쫓는다.

"훠이! 훠이! 이 똥 좀 봐. 참말 드러워서 못 살겄네."

"내비 둬라. 저 머리통 이쁜 것 좀 봐라. 목을 움직일 때마다 양색이 나는 것이 꼭 비단 목도리를 두른 것 같구나. 비둘기는 전쟁 때 편지도 잘 전해주는 집배원이란다."

대청마루에서 저고리 동정을 달고 계시던 엄마가 대꾸하신다.

"근디 어찌나 부부금실이 좋은지라우. 작은각시는 절대로 안 본답디다."

"그래서 금실 좋은 부부를 보고 비둘기 한 쌍이라고 하지 않디?"

나도 한마디 끼어들었던 기억이 난다.

"엄마. 저 빠알간 발가락 좀 봐, 발 시리지 안으까?"

나는 이민 초기에 LA 다운타운 한쪽 귀퉁이에서 노점상을 한 적이 있다. 우연히 고향 친구를 만나 등을 떠밀리다시피 해서 얼떨결에 시작한 생활 수단이었다. 무식하면 용감하다는 말이 있듯이, 나는 장사를 해 본 경험도 없을 뿐 아니라, 영어를 한마디도 못하는 처지라 지금 생각하면 이만저만 통 큰 짓이 아니었다. 조그만 좌판에다 핸드백을 놓고 파는 장사였다. 한국사람 도매상에서 사다가 가방 속에 헌 종이를 넣고 모양을 잡아 좌판 위에 늘어놓는다. 그리고 손님과 도둑을 가리는 눈도 없이 종일 사람을 기다리는 것이다.

황폐한 LA 다운타운은 비둘기들이 새벽을 연다. 온종일 사람들 속에서 푸드덕거리며 종종걸음으로 부지런히 먹을 것을 잘도 찾아 먹는다. 어느새 비둘기들이 보이지 않으면 좌판 보따리를 쌀 시간이다. 왁자지껄하던 사람들도 썰물처럼 빠져나가고, 장사도, 손님도 비둘기도 다시 오지 않고, 어둠 속에서 스멀스멀 노숙자들만 움직이니 다운타운은 어둠과 함께 유령의 도시로 변하고 만다.

나는 장사를 할 줄도 모르고, 또 장사도 시원찮고 해서 내 앞에서 종종거리는 비둘기들에게 관심을 두기 시작했다.

'어?'

가슴이 덜컥 내려앉는다. 이곳의 비둘기들은 그 연하고 빨간 발가락이 모두 뭉그러지고, 떨어져 나가고 성한 놈이 거의 없다. 어떤 녀석은 발가락이 하나도 없어 마치 목발을 짚고 다니는 것 같다. 나는 빨갛고 연한 녀석들의 발가락을 보면서 어쩌다 이렇게 됐을까 싶어 가슴이 저려오면서 궁금하기 짝이 없었다.

다운타운에서 바느질 공장을 오래 했다는 후배가 들렀기에 물어봤다.

"그거요? 비둘기 발가락이요? 다운타운 바느질 공장에서 날아다니는 실에 발가락이 걸려서 결국은 끊어져요."

사실인지 아닌지는 몰라도 후배는 지나가는 말처럼 아무렇지도 않게 대답했다.

넘치도록 풍요로운 미국. 이 나라.

‘이 풍요로움 속에 살면서 발가락이 뭉그러진 것이 어찌 너희뿐이랴! 날마다 알게, 모르게 뭉그러져 가는 이민 살이 발가락들…….’

오랜 옛날. 빗자루를 들고 ‘훠이! 훠이!’ 하던 끈님이 성의 째진 음성과, 내비둬라 하시던 엄마의 목소리가 몹시 그리워진다. 갑자기 코허리가 찡해온다. 눈물이 흐를 것 같아 고개를 젖혔다. 앞집 지붕 위에서 비둘기 한 마리가 푸드덕 날아오른다. 나는 가만히 중얼거린다.

‘발가락이 뭉그러진 것이 어찌 너희뿐이랴!’

손, 손, 손

'할매 손은 약손' 이란 말을 우리는 많이 듣고 경험하며 자랐다. 어렸을 적, 배가 아플 때 할머니는 '내 손은 약손' 하면서 아픈 곳을 손바닥으로 쓸어주면 아픔이 사라지거나 잠이 들거나 했다. 독일 의학자 메스마는 그럴 때 손가락 끝에서 자기가 나와 진통이나 최면 효과를 얻을 수 있다고 과학적인 증거를 제시했다.

사람은 기도를 할 때 두 손을 모은다. 두 손바닥과 손가락을 맞추며 무의식중에 흐트러진 마음을 한데 모은다는 깊은 뜻이 담겨 있다. 부모나 남편이나 아끼는 가족이 죽어갈 때 손가락을 잘라 핏방울을 입에 흘려 넣는 마음도 우리 민족의 심성 깊은 곳에 잠재해 있는 손과 마음의 일치가 아닐는지. 사람은 자기 의사를 표현할 때 수화가 아니라도 80% 이상을 손으로 대신할 수 있다고 한다.

약지에 반지를 끼는 것이나 새끼손가락을 걸며 약속을 하는 것도 그렇다. 또 소원을 빌 때나 용서를 빌 때 양손을 맞대고 비빈다. 우정과 협조의 상징으로 악수를 하는 것은 보편적인 관습이다. 법정에서 손을 들어 거짓 없는 증언을 맹세하는가 하면 대통령 취임식 때는 성경에 손을 얹고 서약을 한다. 그리고 자기를 보증하는 뜻으로 지문을 찍는다.

LA의 명소인 할리우드의 맨스차이니스 극장 앞에 찍혀 있는 스타들의 손자국은 관광객에게 그 스타의 영광된 일생을 되돌아보게 하고 있다.

기독교에서는 머리에 손을 얹고 축복한다. 손을 통해서 성령이 전달됨을 믿기 때문이다. 가톨릭에서는 손가락으로 이마와 가슴, 양어깨에 십자성호를 그으며 신과 나, 나와 이웃을 생각한다. 동서양 어느 나라에서나 손으로 표현해서 통하는 공통점 중에 손을 활짝 펴는 것은 우정과 평화를,

주먹을 불끈 쥐는 것은 공격과 위험의 표시이다. 동양권인 일본, 중국, 한국에서는 뜻이 거의 같은 손에 대한 속담이 많다. 마음이 넓고 씀씀이가 큰 사람을 큰손이라 부르는가 하면 억울한 일을 호소하며 자신의 진심을 맹세할 때 손가락에 장을 지진다. 일을 쉽게 해결한다 해서 손이 빠르다, 변덕스러운 마음을 손을 뒤집듯 한다, 손으로 하늘을 못 가린다고 한다. 이 밖에도 손에 관한 속담이나 이야기는 헤아릴 수 없을 정도로 많다.

나는 언제부터인가 누구를 만나면 손을 먼저 보는 습관이 생겼다. 그 손을 보면서 나름대로 그 사람을 상상한다. 옛 친구를 생각할 때도 그 사람의 얼굴과 손이 동시에 떠오른다. 촉촉하고 얇은 손. 두껍고 믿음직스러운 손. 섬세하고 고운 손. 거칠고 강한 손 등등에서 세월과 추억들이 새록새록 일어선다. 특히 보드랍고 연한 엄마 손을 생각하면 지금 이 나이에도 가슴이 뭉클해져 눈물이 핑 돈다.

그러나 사람의 마음과 동일하다는 손이 저지르는 일 또한 엄청날 때도 있다. 방향을 가리키는 조그만 검지 하나가, 손가락질로 사람을 죽이기도 하고 살리기도 하며 역사를 바꾸어놓기도 한다.

미인의 대명사로 섬섬옥수라는 말이 있다. 손이 육체의 수행자라면 이 험하고 거친 세상에 우리의 마음도 늘 섬섬옥수처럼 곱고, 섬세하고 아름다울 수 있었으면 좋겠다.

봄이 무르익어가고 있다. 오만가지 꽃이 만발한 이 대지에 그리고 보드라운 향기가 나는 저 하늘에 손을 활짝 펴서 박수를 쳐 보자.

멋있는 세상천지를 향해 힘찬 박수를.

수호천사

나는 나를 잘 모른다. 간간이 나이를 짚어 본다. 그러나 솔직하게 말하자면 나는 나이기 때문에 다른 사람보다도 더 많이, 더 자주 거울을 보면서도 내가 늙어가고 있다는 것을 어렴풋이 느낄 뿐. 정확하게 실감을 못 할 때가 대부분이다. 그러니까 나는 나를 잘 모른다. 그것은 마음과 몸이 균형을 맞추어 함께 늙어가고 있지 않기 때문일 것이다.

문득 오래전에 에미상을 탄 콜린 멕컬로우의 『가시나무새』라는 소설에서 본 잊히지 않는 장면이 있다. 오스트렐리아 대 부호인 노인네가 자기보다 서른 살도 더 어린, 자기 저택에 상주하고 있는 가톨릭 신부를 사랑한다. 그 사랑이 성사되지 않자 나중에는 절규하면서 기도를 한다. "하느님은 왜 나를 몸하고 마음을 함께 늙게 해주시지 않나요?" 하면서 몇천 송이의 빨간 장미꽃을 흩뿌리면서 자살을 한다.

어렸을 적 일이 생각난다. 주일학교 수녀님이 그날은 수호천사에 대해서 말씀을 해주셨다. 수호천사란 사람이 이 세상에 태어날 때 하느님이 한 사람에게 하나씩 주신 선물이라 했다. 수호천사는 눈에 보이지는 않지만, 항상 위험에서 보호해 주며 착한 일을 하면 기뻐하고, 나쁜 일을 하면 뒤에서 울고 있다고 했다. 우리도 누구의 수호천사가 될 수 있다고도 했다.

그때, 어린 마음에 한 사람에게 하나씩 주어진 잡히지 않은 그림자를 생각했었다. 그리고 어딘가 안 보이는 곳에 있을 수호천사를 생각하고 착하게 살고 싶었다.

나는 노인이라는 호칭을 싫어한다. 어린아이 같은 마음으로 살다가 생을 마감하고 싶기 때문이다. 그래서 동화와 동시를 쓴다. 비록 몸은 세월 따라 늙더라도 마음은 언제나 젊어지고 싶고, 언제나 철없어지고 싶다. 50대 초반에 생리가 끊겼을 때, 야릇하고 묘한 기분이 들었다. 다행히 하느님의 축복이었는지 오십견이란 통증은 없었고 갱년기라는 몸살도 쉽게 그럭저럭 그냥 지나갔다.

어느 날 비교적 가격이 싸다는 옷집 ROSS에 갔더니 점원이 나를 힐끗 보더니 오늘은 화요일이니 시니어 10% 디스카운트 해준다고 한다. 나는 고맙기에 앞서 다시 한 번 묘한 기분이 들었다. 미국에 살면서 국가에 별 공헌도 안 했는데 나이가 들었다는 이유만으로 웰 페어와 노인 아파트를 준다거나 병원 치료비와 약을 공짜로 준다는 것이나, 맥도널드에서 시니어 커피도 같은 맥락이다. 또 있다. 성당에서 해마다 사순절이면 금식, 금육 날을 지키는데 노인들은 지킬 필요가 없다는 것이다.

며칠 전, 결정적으로 내 뒤통수를 친 사건이 하나 있었다. 아침나절에 신문을 훑다가 심심풀이로 오늘의 운세를 봤다. '어쩌나!!!' 나는 깜짝 놀랐다. 내 운세는 없었다. 어린이와 노인들은 거기에서도 해당이 안 된 것을 보고 갑자기 기운이 스르르 빠짐을 느꼈다. 뭐랄까. 마치 눈에 보이지도 않고 인정받지도 못한 투명인간이 된 것 같은 기분이라면 맞는 표현일는지.

우리는 모두 언제까지 이 땅에 발을 딛고 살아 있을는지는 그분밖에는 아무도 모르는 일이다. 세월 따라 몸이 늙어갈 때 마음도 함께 늙어갔으면 좋겠다. 그러면 이제부터 나는 어쩌란 말인가? 곰곰이 생각해본다. 어렸을 적 주일학교 수녀님 생각이 난다. 나도 수호천사가 되리라.

그러나 나는 나름대로 하고 싶은 일, 해야 할 일이 너무나 많다. 어린이 맘으로 어린이 눈으로 세상을 보며, 더 열심히 영혼이 맑은 동화와 동시를 쓰며 살고 싶다.

숨을 쉬는 날까지 손에 잡히지 않은 그림자 같은 착한 수호천사가 되고 싶다는 생각을 간절하게 해본다.

이 투명한 유월의 초여름 날 아침에…… 문득.

쑥에 담긴 고향 맛

한국 마켓에 들렀다. 습관대로 먼저 채소부로 발길을 돌렸다. '어머머!' 한쪽 구석에 내 눈을 번쩍 뜨게 한 것이 있었다. 쑥이었다. 한 바구니 정도 분량으로 짙은 녹색에 젖빛 솜털이 덮인 어린 쑥이 소복이 쌓여 있다. 반가웠다. '어머. 너도 이민 왔니?' 하는 마음으로 웃으면서 가까이 다가갔다. 가만히 몇 닢 집어 코끝에 대봤다.

'그래. 바로 이 냄새야. 고향 냄새…….'

쑥은 한국인에게는 어떤 산채보다 냄새가 친숙해서인지 향수를 물씬 자아낸다. 나는 고향 냄새가 새어 날까 봐 주섬주섬 봉지에 담아 집에 돌아와 식탁 위에 쑥을 펴놓았다. 꼭 어떤 목적이 있어서 사온 것은 아니다. 그저 고향 냄새가 아깝고, 고향 냄새에 취해보고 싶어서이다.

단군신화에 오직 사람이 되고 싶은 것이 소원이었던 곰이 쑥을 먹고 웅녀가 되어 단군을 낳았다는 신화는 언제 들어도 웃음이 난다.

웅녀 할매의 혼이 삼천리 방방곡곡에 번져서인지 한국 땅에는 추운 겨울이 다 지나기도 전에 봄바람이 불어올라치면 논두렁, 밭두렁 양지바른 곳이면 어디 할 것 없이 쑥이 무수히 돋아난다. 하얀 솜털을 뒤집어쓰고 막 돋아난 어린 쑥을 뜯어 살짝 데쳐 국이나 나물, 밥과 떡 등을 해먹는다.

별로 오래지 않은 얘기다. 우리 민족이 보릿고개를 힘겹게 넘기던 시절에, 배를 곯아 얼굴이 부어오른 부황난 사람에게 쑥으로 죽을 끓여 먹이면 부기가 빠진다 해서 쑥을 약초로도 사용했다.

정월 대보름 전에 쑥국을 세 번만 먹으면 제아무리 마른 사람도 문턱을 못 넘을 정도로 살이 찐다고 했다. 배곯은

우리 민족은 그때만 해도 살찌는 것을 건강과 직결해서 생각했었던 모양이다. 아이들도 살이 찌면 사장감이나 장군감이라고 했다. 들이나 산야에서 나는 것보다 바닷바람을 쐬고 자란 것이 효험이 있다 해서 부인병, 신경통, 피를 멈추게 하는 담방약, 이루 말할 수 없이 많은 약재로 쓴다.

쑥은 하찮고 흔한 들풀에 불과하지만, 한국인에게는 여러 가지로 생활 깊숙이 정이든 산채다. 식용으로, 약용으로, 화장품 재료로도 쓴다. 쑥에는 무기질과 비타민 A와 C가 풍부하다.

이 낯선 땅에서 우연히 쑥을 만난 반가움으로 쑥 타령을 하고 있는데 멀리서 내 마음을 들여다보시기라도 한 듯 존경하는 시인 K 선생님으로부터 전화가 왔다. 올봄에 텃밭에 유난히 쑥이 많이 돋았으니 쇠기 전에 뜯어 가면 어떻겠냐 하신다.

이번 주말에는 만사 제쳐놓고 선생님 댁에 가서 쑥을 한 바구니 뜯어다가 곱게 체에 내린 쌀가루에 버무려 쑥버무리나 해볼까! 벌써 향긋한 쑥 향기가 코끝에서 감돈다.

아기장님 제인

돌잔치 초대장이 왔다. 이민 와서 오랫동안 드나들었던 미장원 미용사의 딸 제인이었다. 그 미용사는 미장원에서 가장 어린 처녀로 스무 살도 채 안 되었다. 사랑하는 총각이 생겨 동거하다가 아이가 생겼다고 했다.

임신 칠 개월 만에 조산을 한 그 아이는 어른 손바닥만 했다. 한 파운드밖에 안 된 아기의 몸에 수없이 주삿바늘을 꽂고, 줄줄이 줄을 매달고 인큐베이터 안에서 육 개월이 넘게 살았다. 그것보다도 더 놀라운 것은 아이의 시신경이 눈에 닿기 전에 세상에 나왔기 때문에 장님이라 했다. 그러나 엄마는 자기 눈 하나는 아기 것으로 생각하고 그냥 행복했다. 어느 날 새털같이 가벼운 제인을 안아 본 순간, 파란 하늘에 떠 있는 새하얀 구름 같은 깨끗하고 귀여운 아이라는 느낌이 들었다.

제인은 커 가면서 눈의 신경이 손으로 갔는지 모든 걸 손으로 만져보고 보이는 듯이 말했다. 집에 오는 선생님도, 동네 아줌마도, 미장원 손님들까지 만져보고 말했다.

길이 막히는 바람에 조금 늦게 돌잔치 장소에 도착했다. 선물로 진달래색 원피스를 포장하면서 '제인이가 이 색깔을 볼 수 있다면 얼마나 좋을까? 하기야 사람이 사람을 만든다는 세상인데 언젠가는 제인이의 눈도 볼 수 있을 거야.' 하며 혼자 중얼거렸다.

돌잔치는 이미 시작이 되었고 아이들 손님이 많아 복잡하고 북적거렸다. 앞쪽 중앙에 몸보다 훨씬 큰 색동 한복에 족두리를 쓴 제인이가 보였다. 바로 그때 마이크를 잡고 소리치고 있던 청년이 커다란 한복 뭉치를 덜렁 들고 사람들 사이를 비집고 앞으로 간다. 그리고 소리친다.

"야아! 제인이는 실 꾸러미도 아니요, 달러도 아니요, 연필을 잡았습니다. 담에 커서 박사가 될 모양입니다. 박사요, 박사, 모두 박수."

나는 그때 왜 눈물이 났을까? 세상에는 두 눈을 가지고도 아무것도 못 보는 사람들이 너무나도 많은…… 제인은 파란색 하늘을 가슴에 가득 담고 샤갈의 그림에서나 볼 수 있는 환상의 나라를 지팡이도 필요 없이 달리고 있을 거라고 생각이 들어서였을까?

성한 눈을 가진 세상 사람들이 보지 못하는 맑고 아름답고 사랑스러운 모든 것들을.

가까이 가서 촉감이 좋은 색동옷 그대로 가만히 안아봤다.

그때 제인이의 노랫소리가 분명 내 가슴으로 들려왔다.

아기장님 제인은 눈이 손이래요
아기장님 제인은 손이 눈이래요.

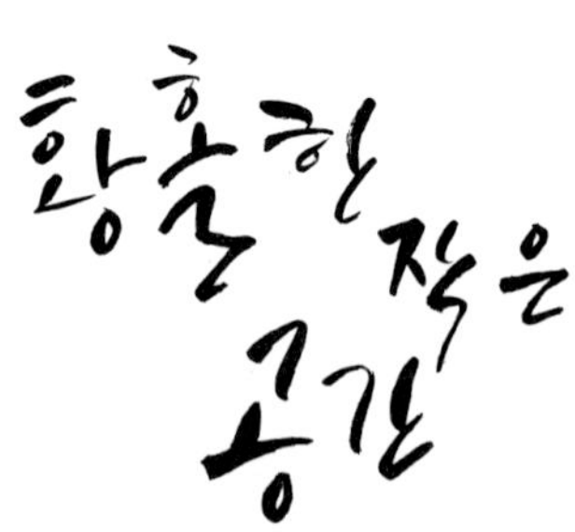

"우리 저녁 먹은 거 소화도 시킬 겸 노래방이나 들러 갈까?"

"나는 안 갈란다. 노래도 못하지만, 노래방에서 노래하면 점수를 매긴다며?"

"엄마는 촌스럽기는. 흥을 돋우려고 컴퓨터가 엉터리로 매겨."

음치인 내 말에 딸아이가 받는다.

"아마 모르긴 몰라도 엄마 정도면 좋은 점수가 나올걸."

이번에는 막내 녀석이 히죽거리며 놀린다.

그날 우리 식구는 외식을 했다. 너무 과식했나 싶었는데 아이들에게 등을 밀리듯 처음으로 노래방이라는 곳으로 들어갔다. 어둡고 꽉 막힌 작은 공간. 이 작은 공간이 쌓였던 스트레스를 풀어주는 역할도 하고 과식한 사람에게 소화제 역할도 해주는 곳이란 말인가.

빽빽하게 노래 곡명이 적힌 책에서 부를 곡명을 정하면 화면에는 그 노래 가사가 나오고 반주와 영상이 나온다. 성능 좋은 마이크에 대고 멋들어지게 노래만 부르면 된다. 관객은 없다. 함께 간 일행이 있기는 하지만 다음 차례에 자기가 부를 곡을 찾느라 정신이 없으니 관객이랄 수도 없다. 자기 혼자 폼을 잡고 소릴 지른다. 즉 자기도취 속에서 황홀감을 혼자 맛보는 것이다.

오래전 이민 와서 십 년 만에 처음으로 서울에 나갔을 때 일이다. S라는 고등학교 동창 친구가 있었다. 그녀는 시집을 잘 가 보기 드문 저택에서 훌륭한 시어른과 좋은 남편과 자식으로 다복하게 사는 친구다. 성격이 순하고 말수가 적고, 거기다가 넘치는 부를 이웃과 나눌 줄도 알았으니 금상첨화라고 할까. 내 귀국 기념행사로 이루어진 여고 동창끼리 일일 관광에서였다.

S는 놀랍게도 평소 그녀답지 않게 달리는 버스 속 가운데 좁은 통로에서 악을 쓰며 노래를 부르며 엉덩이를 흔들어댔다. 나는 우리 버스 속을 밖에서 볼까 봐 신경이 쓰였다.

S와 그 외 몇 명은 제정신이 아니었다. 악쓰고, 마시고, 뛰고. 마이크를 뺐고, 빼앗기고…… 지칠 줄도 몰랐다. 어쨌든 그날은 많이 웃었고 즐거운 하루였다.

그날 밤 잠자리에 누우니 낮에 보았던 S가 생각이 났다. 평소 그녀의 품위로 봐서 자기의 엉뚱한 모습을 보인 것을 틀림없이 후회하고 있겠지. 그리고 점잖은 시어른께는 어떠했을까. 술이 채 깨지 않은 헝클어진 모습이 남편과 아이들. 더구나 일하는 아랫사람들에게는 어떻게 비추어졌을까. 몸은 괜찮을까. 다음 날 일찍 S에게 전화를 했다.

"버스 의자에 부딪혀 온몸이 멍투성이야. 근데 오랜만에 한 번 자알 놀고 시원하게 풀었어."

의외의 대답이었다.

이규태 선생님의 칼럼에서 한국인은 한국 무속이 추구하는 황홀경 곧 엑스터시의 경지에 이르는 수단으로 춤과 노래가 있다. 그 황홀경에 젖으면 누적된 한이 풀리고, 마비

된다. 고 했다.

이민 생활에 겹겹이 누적된 울분을 노래방에서 발악하며 몸부림쳐 풀 수만 있다면 과연 그 순간만이라도 모든 것이 마비된 듯할까?

만약에 한국에서 친구가 온다면 노래방이나 함께 가볼까?

인사동 장날

서울이 너무 많이 변했다는 소문은 수없이 들었다. 그런데 직접 가서 보니 정말 깜짝 놀랐다. 대다수 사람의 씀씀이는 꼭 벼락부자라도 된 듯했고, 완전히 서구화되어 있었다.

거리가 은행나무 가로수로 온통 샛노란 어느 일요일이었다. 그날은 일요일마다 장이 선다는 인사동에 친구의 안내를 받아 나갔다. 입구에서부터 장날 축제 분위기로 북적북적 요란했다. 사물놀이패가 꽹과리를 치며 한바탕 지나간다. 길 한복판에 남녀 고무신을 수백 켤레 나란히 늘어놓고

도복을 입은 남자 두 명이 선을 하듯이 좌정하고 눈을 감고 있다.

몇 걸음 더 가니 남녀 대학생인 듯, 엿판을 벌려놓고 가위질에 맞추어 신나게 디스코 춤을 추고 있다. 춤을 추면서 리듬에 맞추어 호박엿을 구경꾼 입에 한 점씩 넣어준다. 길바닥에 천막을 치고 긴 담뱃대를 든 젊은이가 사주 궁합을 보고 있다. 문전성시다. '내일은 헤어져도 오늘은 궁합을 보자' 라는 팻말이 천막 끝에 달랑거린다. 남녀 개량한복집도 여럿이다.

십수 년 전 내가 한국에 살 때만 해도 대도시일수록 간판 이름이 외국어 일색이었다. 꼬부랑 이름일수록 세련되고 멋있게 보인다고 생각해서 그랬는지 어떤 간판은 국적도 없고 뜻도 없는 희한한 것들도 많았었다.

인사동 길을 가면서 간판 이름들에 더 놀랐다. 인사동 몇 블록을 걸친 길에는 거의 주점, 전통찻집, 식당들이다. 나는 간판 이름이 하도 재미있어 눈에 띄는 대로 적어 보았다.

시인 천상병의 찻집 '귀천' 에서 '대장부' '질경이 우리 실나이' '깔아놓은 멍석 놀고 간들 어떠리' '오늘같이 좋은 날' '솟대' '오! 자네 왔는가' '꽃을 던지고 싶다' '토방'

'우리 그리운 날' '나에 남편은 나무꾼' '지대방' '영산강' '항아리 수제비' '풍류 사랑' '모깃불에 달 끄슬릴라' '사랑은 구름을 비로 내리고' '하늘아래 모퉁이' '학교종이 땡땡땡' 등등.

안내한 친구가 개그맨 전유성이 주인이라는 찻집 겸 주점인 '학교종이 땡땡땡'에 가서 차 한 잔하고 쉬어가자 한다. 교실 문을 드르륵 밀고 들어갔다. 자욱한 연기 속에 손님이 가득 찼다. 기억에서 잊었던 초등학교 시절 교실 모습 그대로다.

작은 책상에 작은 걸상, 석탄 난로, 낡은 풍금. 앞쪽 벽에는 칠판이 있고 분필로 메뉴가 적혀 있다. 한쪽 구석에는 떠든 사람 아무개라고 쓰여 있다. 가운데는 좀 두껍고 큰 글씨로 〈급구: 주번 구함〉이라 쓰여 있는 것이 일하는 사람

을 구하는 모양이다.

우리 옆자리에는 젊은 사람들이 술을 마시는데 안주 담은 그릇이 노란색 사각 알루미늄 도시락이 아닌가. 우리는 유자차 한 잔씩 마시고 그곳을 나왔다.

장날이라 해도 거의가 젊은이들과 관광객으로 들끓어 덩달아 우리도 생동감으로 여기저기 기웃거리며 나는 골무 한 쌍과 주먹만 한 옹기항아리 두 개를 사 가지고 왔다.

온천지가 노란색 가을이다.

작은 우주

새벽 꽃시장에서 연보라색 수국 화분 하나를 사 왔다. 거실에서 며칠 두고 보다가 마당에다 심어야지 하고 화분을 예쁜 바구니에 담아 일단 햇빛이 잘 드는 창가에 자릴 잡아 놓았다. 커피 한 잔을 들고 수국 옆에 앉았다.

연보라색 꽃잎 넉 장이 단정하게 겹쳐 있고 한가운데 좁쌀 같은 노란 씨 한 알이 콕 박혀 있다. 연보라색이 때로는 연분홍색으로 변하기도 하는 꽃이다. 홀로서기에는 너무 외로웠을까. 홀로 향기 날리기에는 너무 힘겨웠을까. 오밀조

밀 서로 부둥켜안고, 동그랗게 원을 만들고, 작은 우주를 만드는 꽃 뭉텅이. 넓적한 초록색 이파리가 조심히 작은 우주를 받쳐 들고 있다.

내가 수국을 처음 본 것은 꽃을 좋아하시는 아버지가 함박만 한 분홍색 꽃 뭉텅이가 두 개 든 화분 하나를 들고 오셨을 때였다.

"야! 이거 봐라. 아들 손자며느리가 다 어우러진 꽃이란다."

그러고 보니 꽃씨만큼 작은 것에서부터 봉우리 진 것, 막 피어나는 것, 활짝 핀 것들이 죄다 얼기설기 모여 한 뭉텅이가 된 꽃이었다. 그때 나는 그 꽃 이름을 몰랐다.

어느 날 언니를 따라서 성당에 갔었는데, 마침 성당 마당에는 유치원 아이들이 종종종 모여 있었다. 그들은 새하얀 수도복을 입은 수녀님을 동그랗게 에워싸고 노래를 부르고 있었다.

뭉텅이 때문인가. 한참 후에 아버지로부터 그 꽃 이름이 수국이라고 들었다.

세월이 흘러 나는 어느 초가을에 시집을 갔다. 공교롭게도 시댁 마당에는 수국 서너 뭉텅이가 막 꽃을 피우기 시작하고 있었다. 신혼살림이라야 층층시하 사 대가 함께 사는 시댁에, 나는 밥풀처럼 붙어사는 꼴이었다. 지금 생각해 보면 새로 들어온 새댁이 무던히도 철없는 짓을 많이도 했다. 끼니때면 밥상을 네 개씩이나 보는데 내 위치는 부엌문에서 제일 가까운 일하는 아이와 겸상이라는 것도 모르고, 시아버지와 남편의 밥상에 떠억 내 밥그릇을 올리고 뚜껑까지 덮어 들여갔던 일. 여름에 갑자기 소나기가 퍼부어, 급히 장독을 덮어야 한다는 것을 나는 알지 못했기 때문에 간장, 된장, 고추장 항아리에 빗물이 가득했던 일.

어느 날 담요를 빨아 널다가 물먹은 담요가 무거워 빨랫줄과 함께 넘어져 수국에 코를 박았던 일. 수국 꽃은 다 일그러지고 빨래는 다시 헹궈야 했지만, 내 얼굴에 닿았던 그 야들야들한 아기 피부 같은 수국의 촉감과 연한 향기가 지금도 내 코끝을 맴돈다.

철없는 새댁의 실수를 그냥 웃음으로만 넘기셨던 시댁 어른들. 지금 그분들 모두는 하늘나라에서 수국을 가꾸고 계실까. 부대끼며 엎치락뒤치락 부둥켜안고 살았던 대가족 시집살이 하던 때가 그립다.

또 세월이 흘러 늘그막에 태평양을 건너 이민 길에 올랐다. 마음 붙일 곳이라고는 교회밖에 없다는 생각으로 물어물어 한인 성당을 찾았다. 어렵게 내가 찾은 한인 성당은 미국 성당에 곁들어 있으면서 사랑도 미움도 저희끼리 지지고 볶고, 비벼대고 살아가는 공동체, 바로 수국 뭉텅이 같은 이민 교회였다. 가까이 몸들을 부둥켜안고 동그랗게 원을 만드는 수국 뭉텅이, 작은 우주를 만드는 수국 뭉텅이…….

나는 햇빛이 잘 드는 거실 창가에서 연보라색 수국 뭉텅이를 맥없이 바라보며, 식어버린 커피를 마신다. 조잘조잘 시냇물 흐르는 소리가 들린다. 까르르 까르르 쏟아지는 정다운 이웃들의 웃음소리가 들린다.

빈대에게 물어봐

남편이 떠나고 집을 팔았다. 서둘러 노인 아파트를 신청했다. 내 짐은 전부 창고에다 넣고 딸네 집에서 6개월 넘게 신세를 졌다. 그러다가 혼자 사는 노총각 막내한테 가서 밥도, 빨래도 해주고 노인 아파트가 나올 때까지 기다리기로 했다. 한인 타운은 노인 아파트를 신청해서 입주하기까지 10년이 걸린다는데, 3년이 넘자 들어오라는 통지가 왔다. 타운에서 좀 떨어진 흑인 동네여서 빨리 나왔나 보다. 유대인이 주인으로 지은 지 20년이 넘었다는데 새집처럼 깨끗

했다. 200가구 중에서 100가구 넘게 한국 사람이다. 비교적 조용하고 경치가 좋아 내게는 안성맞춤인 곳이었다. 집이 좁아 내 작품으로만 거기에 맞게 인테리어를 했다. 여기서 글도 쓰고, 그림을 그리면서 생을 마감하리라고 만족하며 들떠 있었다.

입주한 지 6개월쯤 되어서 뜻하지 않은 일이 벌어졌다. 우리 집에서 빈대가 나온 것이다. 나는 서둘러 어렸을 적 시골에서 본 빈대가 맞는가 하고 찬찬히 살폈고, 인터넷을 뒤져 봤다.

빈대는 본적이 뉴욕이고, 동물의 피를 먹고 살며, 잘 죽지를 않는다고 했다. 요즘에는 이상 기온으로 미국 전역에 빈대가 번성해 상점이 문 닫는 데도 많다고 했다. 빈대가 서식한다는 침대 모서리, 침대 커버 주름 사이를 들춰보니 역시 알을 까고, 좁쌀만 한 새끼들이 보였다. 아파트에 한 집에서 빈대가 생기면 주변 집들을 한꺼번에 소독한다는 말을 듣고 놀라서 혼자 해결해 보려고 약을 사러 다녔다. 빈대약도 품절인 것이 번지기는 번진 모양이다.

할 수 없이 오피스에 말하려고 가는 중인데 엘리베이터 앞 긴 의자에 앉은 노인들이 어디 가느냐고 묻는다. 우리 집에 빈대가 나와서 오피스에 가는 길이라 했다. 그중 영어를 약간 잘해 노인들 대변인 격인 영감 하나가 잘난 척 나섰다.

"그거요? 참 고약해요. 잘 죽지 않으니~ 고가구도 버려야 하고 책도 다 불살라야 해요."

'책이 천 권이 넘는데 어떻게…….' 나는 묻지도 않은 말을 혼잣말로 해버렸다. 그 순간 '책 천 권에서 빈대 알 깜' 소문이 삽시간에 산불처럼 번졌다.

회사에서 빈대 박멸하는데 독한 가스로 약을 쳤다. 그 후 지금까지 나는 완전 '왕따'가 되어버렸다. 3년 전에도 5년 전에도, 몇 달 전에도 간간이 빈대가 나온 모양인데……. 억울하게 원산지는 우리 집 책이다. 나를 보면 무슨 전염병 환자처럼 피했고, 복도에서 만나면 뒤로 돌아! 하고 지나갔고, 산책로에서 만나면 차도로 내려갔다. 어느 날은 노인 아파트에 보험을 선전하러 온 사람들이 한국인들에게 나누어줄 떡을 싣고 와서 집집이 돌렸는데 우리 집만 빠졌다.

20년 넘게 끌고 다닌 책인데 그렇다면 서점이나 도서관은 빈대 소굴이란 말인가. 참으로 어이가 없다.

침대를 바꾸고, 이불도 전부 버렸다. 책도 전부 창고에 넣었다. 노인아파트로 이사 와서 6개월 동안 사귄 사람도 없었다. 화투 방에 드나들지도 않았고, 우리 집에 방문한 친지도 아파트 내에서는 없었다. 타고난 우유부단한 성격 탓에 아직까지 누구에게 미움을 받으며 살지는 않았다. 변명할 기운도 없을 뿐 아니라 사람들이 무서워 한 번 더 이사를 해 보려고 여기저기 수소문하고 다녔다.

어쨌거나 평생 처음 있었던 일이다. 이웃에게 소외를 당한다는 것은 참으로 고독하고 슬픈 일이다. 나이가 들면 어린애가 된다는 말도 있지만, 모든 것이 너그러워지고, 이해되지 않을까? 노인 아파트로 이사 오면서 같은 처지인 사람들끼리 오순도순 행복하게 살리라는 생각이 나만의 착각이었을까.

내가 잘못한 것 같다.

'너 어디서 왔냐?' 고 빈대에게 물어볼걸!

재미있는 전쟁

세상에는 참으로 재미있는 전쟁도 있다. 그런데 이 전쟁은 사람의 나라 전쟁이 아니라 곤충의 나라 전쟁이다.

개미 나라와 비둘기 나라.

비둘기들은 살다 보면 털 속에 벼룩이 많이 생겨 가려워서 피부병이 생기고 몸을 털면 벼룩이 더 많이 생겨 몸살을 앓는다. 개미들은 하체를 많이 움직이기 때문에 장에 가스가 차 그걸 뿜어내지 않으면 견딜 수가 없다. 희한하게도

개미가 뿜어내는 가스에만 비둘기의 벼룩이 죽는다고 한다. 두 나라는 상의해서 날 잡아 전쟁을 하기로 한다.

비둘기는 금실 좋기로 유명하다. 일 년에 두 번 정도 아이를 가지는데 남편과 아내가 번갈아 가면서 알을 품는다. 그리고 한 번 짝을 맺으면 죽을 때까지 바람을 피우지 않는다. 신이 애초에 비둘기를 만들 때 특별히 발달한 날개를 주셨다. 그래서 사람의 중요한 편지를 전달하는 우체부 노릇도 한다. 몸매가 예뻐 항상 사람 곁에서 평화를 주기도 한다.

개미는 조그맣고 약해 보이지만 부지런하다. 자존심이 강하고 은혜를 알며 의리 있게 세상을 살고 있다. 사람의 은혜를 생각하고 줄지어지나가 곧 닥칠 장마를 알리고 집의 구멍을 막기도 한다. 무지하게 큰 짐을 함께 협력하여 옮기면서 질서와 협동심을 알려 준다. 그러나 사람들은 '머리만 잘 굴리고 돈만 있으면 다 되는 세상이야. 뭘 그렇게까지…….' 하며 콧방귀를 뀐다.

드디어 비둘기 나라와 개미 나라의 전쟁 날이 왔다. 팽팽하게 두 나라가 맞선 가운데 먼저 개미가 오랫동안 저장해 온 가스를 뿡뿡 내뿜기 시작하자 그 가스 앞에서 비둘기는 죽을힘을 다해 털을 힘껏 털어낸다.

얼마가 지났을까? 사방이 조용해지고 두 나라는 전쟁이 끝나고 다시 평화가 왔다.

'사람들은 왜 그렇게 손해 보는 전쟁만 할까요?'

첫사랑 사색

60년이 훨씬 지난 일이었다. 중학교를 막 들어간 내게 나도 모르는 사이에 사춘기라는 커다란 혁명이 일어났나 보다. 그때는 우리나라 전쟁 직후라 모두 가난했고, 감정적으로 사춘기를 챙길 여유가 없었다. 우리는 그때 서양 문물을 동경하며 서양 소설, 서양 영화에 심취하기 시작할 때였다.

그런데 우리 성당에 꼭 서양 영화에서 나오는 배우 같은 거인 서양 신부님이 오셨다, 분홍색이 도는 하얀 피부에 갈색 눈썹 속에는 파란색 구슬 같은 눈알이 박혔다. 그 거인 신부님의 방석만큼 큰 손등에는 갈색 털이 소복했다. 거기다가 구레나룻까지 아주 멋있는 분이었다.

내 머리를 쓰다듬을 때 내 머리통이 그의 손안에 쏘옥 들어갔고, 어깨를 다독거릴 때도 털 복송이 그 큰 방석 같은 손안에 내 등이 덮였었다.

전쟁 직후 서양 영화에 심취할 때라 영화에서나 볼 수 있는 사람을 가까이에서 지낼 수 있다니 참으로 신기하고 가슴 뛰는 일이었다.

그 신부님은 맞는 신발이 없었던지 남자 고무신 제일 큰 것을 뒤축을 도려내고 슬리퍼로 신었다. 갈색 눈썹 속에 깊숙이 박혀 있는 파란색 작은 호수 같은 눈이 깜박이는 것을 보는 재미와 탱자 냄새가 나는 사탕을 얻어먹는 재미가 쏠쏠해 학교가 끝나면 부리나케 성당을 드나들었다.

어느 날이었다. 신부님은 나를 당신 사무실로 들어오라 하셨다.

세계지도를 펴 놓고, 자기 나라는 영국 옆에 있는 아일랜드라고 하고, 자기는 열세 명의 형제 중 첫째인데 하나는 죽고, 셋은 신부요 넷은 수녀라 했다. 그리고 내게 본국에서 온 크리스마스카드를 두 장 주었는데 써먹은 헌 카드였지만 얼마나 예쁘고 신기했던지…….

그러던 그해 가을이었다. 노을이 홍시 색깔로 붉게 물든 해 질 무렵이었다. 그날도 학교에서 돌아와 가방을 던지고 부리나케 성당 언덕을 숨차게 올라갔었다. 신부님은 성당 높은 층층대 맨 꼭대기 위에 서 계셨다. 발끝까지 내려온 검은색 긴 수도복, 등 진 붉은 노을…….

어찌 된 일일까?

순간 나는 그 신부님의 모습에서 딱 뭔가는 모르지만, 갑자기 둔기로 뒤통수를 얻어맞는 짜릿함과 동시에 가슴속을 두드리는 둥. 둥. 둥 북소리. 그 북소리가 내 심장을 온통 두들기는 건 또 어쩐 일일까. 그리고 금세 얼굴이 달아오르고 마음에는 몹시도 어떤 배고픔 같은 것이 쓰리고 허전함과 함께 감당할 수 없을 정도로 밀려왔다. 이 모두가 동시에 일어난 일이다.

나는 그 길로 뒤돌아서서 쓰러질 듯 비틀거리며 집으로 돌아

와 그 누구에게도 말을 못하고 자리에 누워버렸다.

나흘을 앓고, 나흘을 결석하고야 겨우 몸을 추슬렀다.

이것이 첫사랑이었을까?

콩나물

어떤 학자는 콩나물 원산지는 고구려라 했다.

이민 초기에 서양 식품점에 들른 적이 있었다. 시금치도, 상추도, 숙주나물도 별의별 것이 다 있기에 콩나물을 찾아봤다. 콩나물은 보이지 않았다. 여기서 오래 산 함께 간 친구에게 물었다.

"서양 사람은 콩나물은 안 먹는다고 하더라. 잘은 모르지만 콩 자체를 싫어하나 봐."

"왜?"

"재미있는 얘기가 있어, 어느 정도가 사실인지는 몰라도 서양 사람이 콩을 싫어하는 이유는 콩깍지가 지옥문이 열리는 것처럼 보여서래. 또 콩깍지 모양이 여자 생식기를 닮아서라기도 하고……."

친구는 입을 가리고 웃는다. 친구 말을 듣고 보니 나도 생각나는 것이 있다. 어느 책에선가 보고 의아하게 생각했던 것이다.

서양 사람들은 콩나물을 먹으면 오감이 마비되고 광기와 악몽에 시달린다고 했다. 그래서 유령을 그릴 때는 콩나물 대가리에 하체는 털이 부숭부숭한 하얀 외다리를 그렸던 모양이라고도 했다. 그런 콩나물에 대한 선입감 때문인지 서양 사람들은 콩나물을 기르기는커녕 먹지도 않고 기피해 왔나 보다. 같은 동양권 중국 상점에서도 녹두의 싹인 숙주는 많이 있지만, 콩나물이 보이지 않기는 마찬가지이다.

콩나물은 우리만의 음식이 분명한가 보다.

콩나물은 시루 안에서 빽빽하게 모여 있어야 잘 자란다. 마치 서울의 좁은 도시에 지하철 안에서, 또 버스 속에서 서로 밀집되어 부대끼면서 잘도 살아온 우리 국민처럼.

또 콩나물을 기를 때는 뿌리 내릴 흙도 필요 없고, 햇빛도 바람도 필요 없고, 그저 물만 주면 된다. 물만 먹고 자라서

그런지 콩나물은 쓰고 달고, 기름진 맛도 없다. 그저 담백하고 시원한 맛이다. 그것이 바로 한국인의 소박한 맛이 아닐까. 그래서 그런지 한국인 중에 콩나물을 싫어하는 사람은 아마 없을 것 같다. 음식 문화의 오랜 전통으로 콩나물은 밥상에 항상 단골로 앉아 있어도 물리지 않고, 나물로도 국으로도 밥으로도 항상 사랑을 받아왔다.

콩나물은 좁은 땅에서 이렇다 할 천혜의 자원도 없이 천재지변의 약정에 시달리면서도, 풍부한 것이라고는 물밖에 없는 세상에서 티 없이 잘 살아온 우리 민족과 닮은 것은 아닐까. 또 콩나물을 삶을 때 익기 전에 뚜껑을 열면 비린내가 나는 것까지도 한국 사람의 성격과 다를 바 없다고 책에서 말한다.

오래전, 전쟁과 가난 속에서도 콩나물은 우리 곁에 있었다. 병이 났을 때는 죽으로 회복시켜 주었고, 밥상에는 가장 손쉽게 가장 맛있는 반찬으로 올라앉아 있었다. 감기에는 콩나물국에 고춧가루 한 숟갈을 넣어 감기를 밀쳐 냈으며, 식구들이 밥맛을 잃었을 때, 콩나물밥을 해서 양념장에 비벼 먹으면 입맛을 돋워 주기도 했다.

콩에는 비타민 C가 없으나, 나물로 기르면 풍부하게 생기고, 섬유질과 알코올 분해 성분이 있어 옛날부터 콩나물국은 숙취를 푸는 해장국으로 즐겨 먹었다.

뜨거운 욕탕 속에서 '어, 시원해.' 하는 표현과 같이 뜨거운 콩나물국을 먹으면서 '아- 시원하다.' 하는 표현은 우리만이 할 수 있는, 우리 민족만의 특유한 표현이다.

오늘 저녁 식탁에는 뜨거워서 시원한 콩나물국을 끓여야겠다. 그리고 딸아이가 오면 시원하게 끓이는 법을 가르쳐 주리라.

탯줄

이제는 이 땅에 탯줄을 묻고 살아야 한다. 그런데 문화권이 다른 이곳에서 아이를 키우며 가슴이 철렁할 때가 종종 있다.

이민 초기였다. 7학년에 다니는 막내 녀석이 학교에서 친구 하나와 함께 왔다. 그 아이는 아주 귀여운 백인 소녀이었다. 머리는 금색 명주실 같았고, 호수 같은 파란 눈 밑에 주근깨가 몇 알 박혀 있었다. 두 아이는 함께 뒤범벅이 돼서 낄낄거리며, 책도 보고, 정신없이 뒹구는 동안에 어느새 날이 저물었다.

나는 그 아이를 바래다주려고 자동차 열쇠를 챙겼다. 주소를 받고, 계속 다다거리는 녀석들을 뒷자리에 태우고 상큼한 밤 냄새를 가르며 얼마나 달렸을까. 드디어 단정하고 조용한 어느 주택가에 도착했다. 차에서 내린 친구 녀석이 나에게 오른손을 내밀며 대뜸 말한다.

"땡큐! 미세스 청. 유어 내임?"

허어 요 녀석 보소, 쬐끄만 놈이 감히 내 이름을 묻다니…. 그러면서도 나는 얼떨결에 '로사~' 하고 대답하고 있었다.

"씨유- 로사. 굿 나이트! 싸이몬 빠이."

이 소리를 듣는 순간, 아찔한 그 무엇이 나와 내 아들 사이에 이어진 탯줄을 끊는 소리가 되어 내 가슴에 와 닿는 것은 또 웬일일까.

밤안개가 자욱이 깔린 프리웨이를 타고 돌아오는 길. 까마득한 내 유년시절이 생각났다.

피난지였던 전라도 섬에서의 일이었다. 학교가 파하고 읍내를 중심으로 우리 집과 반대쪽에 사는 친구 집에 놀러 갔었다. 책가방을 내려놓고 뒷동산에서 매미를 잡다가 날이

어두워져 버렸다. 갯벌에서 일을 마치고 돌아오신 친구 엄마가 내가 아직도 집에 가지 않고 놀고 있는 광경을 보고 깜짝 놀라셨다. 시오리나 되는 우리 집까지 데려다 주시마고 했다. 친구 엄마는 뻘이 묻은 잠방이를 갈아입을 틈도 없이 내 책가방을 모자처럼 머리에 이고 두 팔은 그냥 활개치며 지름길인 논둑길로 들어선다.

"아가. 길이 좁은께 엎으러질라. 헛발 짚지 말고 조심히 따라 온나 잉!"

어둠 속으로 부지런히 걸어가시는 친구 엄마 뒤를 따라가면서. 가방은 머리에 올려놓고 활개 치는 양팔이 엉덩이 쪽으로 잽싸게 왔다 갔다 하는 모습이 웃음이 나왔지만, 한편으로는 미안한 마음에 콧등에 땀방울이 송골송골 배어났다. 우리 집 대문 앞에서 무턱대고 절만 꾸벅했던 기억이 난다.

그 친구와 엄마는 지금 어느 하늘 아래서 살고 있는지. 아니면 어느 하늘 위에서 살고 있는지….

이런 생각에 잠겨 있다가 다시 내 아이 친구 모습으로 돌아왔다. 금빛 머리를 찰랑거리며 한쪽 팔을 번쩍 들고 어둠 속으로 뛰어간 녀석의 뒤통수가 보이고, 변성기가 안 된 카랑카랑한 목소리가 생생히 귀에 맴돈다.

그런데 아까 그 녀석이 건방지게 내 이름을 물었을 때 왜 세례명을 댔는지 쓰디쓴 입맛으로 남아 쉽게 가셔지지 않는다. 옆자리에서 묵묵히 차창 밖만 보고 있는 우리 아이의 솜털이 보송보송한 옆얼굴이 문득 낯설어 보인다.

동양과 서양 사이에도 문화적인 탯줄이 있는 걸까. 아니면 그런 탯줄은 무의미해졌을까.

가슴 밑바닥에서부터 아려오는 쓸쓸함으로 캘리포니아의 초여름 밤에 한기를 느낀다.

호랑이 이야기

내가 어린 시절이었다. 지금도 생생하게 기억에 남아 있는 그림 하나가 집에 있었다. 그 그림은 너무나 유치한 그림이었지만 아버지가 아끼시던 민화였다.

소나무 위에 까치 세 마리가 앉아 있고, 소나무 아래는 호랑이 한 마리가 누워 있는, 색이 바래고 볼품없는 그림이다. 아버지는 그림을 설명하시면서 “소나무는 오래오래 변함없이 푸르게 사는 나무요, 그 위에 있는 까치는 기쁨이요, 아래 누워있는 호랑이는 은혜를 갚을 줄 아는 짐승이다.”라고 하셨다.

그리고 옛날 옛적에 호랑이는 곰과 함께 사람이 되고자 원했으나 곰보다 성격이 급해 지켜야 할 것을 지키지 못해서 실패했다는 얘기도 해주셨다. 단군신화를 말씀하신 것 같다. 우리 선조들은 호랑이는 사납고 무서운 야생동물이지만 두려움을 모르고, 용맹스러워 한편으로는 그 힘을 가까이하고 싶고, 든든하게 의지하고 싶었던 욕망도 있었던 모양이다.

우리 전래동화 중에 ‘호랑이와 곶감’은 지금까지도 마음속 깊이 훈훈하게 남아 있다.

전해 내려오는 속담 중에 호랑이와 관계되는 값진 속담이 많다.

용감하게 발 벗고 나서야 성공한다는 뜻으로 ‘호랑이를

잡으려면 호랑이 굴에 들어가야 한다.' 용감한 사람은 후퇴하지 않는다는 것으로 '호랑이는 절대로 뒷걸음치지 않는다.' 사람이 살아생전에 훌륭한 일을 하여 후세에 이름을 남기라는 뜻으로 '호랑이는 죽어서 가죽을 남기고 사람은 죽어서 이름을 남긴다.' 등등, 이 밖에도 수도 없이 많다.

꿈에 호랑이를 타면 좋은 일이 생기고, 마당 한가운데 호랑이가 들어오거나 호랑이가 울면 큰 벼슬을 한다는 꿈 해몽도 있다. 또 호랑이의 힘을 너무나 믿었던지 악귀를 쫓는 힘이 있다고 해서 부적의 그림으로 이용하고, 전염병이 돌 때 호랑이 그림을 대문에 붙이면 병마를 막는다고 믿었다. 특히 우리 선조들은 호랑이를 효와 보은의 동물로 묘사했다.

조상의 성묘 길에 길을 잃고 헤매는 효자 소년을 보고, 호랑이는 감동하여 덜렁 등에 업고 묘소까지 데려다주고 묘소에서 곡을 하는 효자를 곁에서 지켜주기도 했다 한다.

그리고 호랑이는 품격과 자존심을 지킬 줄 아는 짐승이었다고 한다. 늙고 병든 노인네는 잡아먹지 않으며, 자신을 전혀 무서워하지 않는 어린아이나, 술에 취해 제정신이 아닌 사람은 거들떠보지도 않았다고 했다 하니 사람보다 나은 짐승이 아닐까.

더 재미있는 얘기로는 호랑이의 도덕성이다. 산속에서 여인네가 호랑이를 만났을 때 치마를 들치고 속살을 내보이면 못 볼 것이라도 본 듯 눈을 감고 뒤로 돌아섰다는 애교 있는 기록도 있다.

또 호랑이 담배 피던 시절의 믿거나, 말거나 얘기 한 토막.

오직 사람이 되기를 원하는 심지 깊은 암호랑이가 있었

다. 어느 날 절에서 도를 닦던 잘 생긴 총각을 만나 사랑을 불태운다. 이룰 수 없는 사랑에 호랑이가 죽으면서 커다란 절로 변해 총각에게 준다. 호원사라는 절이다.

이 이야기는 사람과 호랑이와의 관계, 호랑이를 사람보다 위격인 신격으로 믿은 것과 호랑이의 보은과 열정이 들어 있는 설화 중의 하나이기도 하다.

우리는 명색이 인간으로서 호랑이처럼 보은과 효를 생각하면서 살 수는 없는 것일까.

마음의 부자

서울행 비행기를 탔다. 시댁에 행사도 있었고, 초등학교 때 담임선생님인 옥봉 안석두 선생님이 돌아가셨다는 비보를 듣고, 겸사겸사 해서였다. 그런 중에 나는 타임머신을 타고 60년 전으로 거슬러 내려간다. 내 마음을 부자로 만들어주신 잊을 수 없는 선생님 한 분을 대라면 옥봉 안석두 선생님이시다.

내 고향은 항구도시 목포다. 6·25 전쟁 직후 혼란했던 초등학교 시절이었다. 4학년까지는 남녀합반을 하다가 5학년이 되면서 남자 반, 여자 반으로 갈렸는데 한 반만 남녀를 섞어 만들어본 시범반이 우리 반이었다.

담임선생님은 호리호리한 키에, 창백한 피부를 가진 의욕이 넘친 20대 청년이었다. 그 당시는 국가고사로 중학교에 들어갔다. 그 선생님은 당돌하게도 입학시험과는 상관없이 우리에게 전인교육을 시도했다.

세상을 아름답고 너그럽게 보는 법. 정직하고 성실하게 사는 슬기. 즉 마음이 부자로 살아가는 씨를 우리 마음 깊숙이 심어주신 분이다. 우리는 자유로웠다. 시험을 위주로 공부한 적이 한 번도 없었다. 그런데 아주 놀라운 일이 일어났다.

중학교 국가고사 입학시험 뚜껑을 열고 보니 전라남북도를 통틀어 차점이 넘볼 수 없는 높은 점수가 우리 반에서 나왔다. 상위권 성적이 우수수 쏟아져 전교를 휩쓸었다. 선생님은 우리를 졸업시키면서 바로 장학사로 나가셨다. 그 후 우리는 뿔뿔이 흩어져 사춘기에 들어서고, 시험지옥을 헤매면서 선생님도 반 친구들도 잊어버린 채 젊은 날을 바쁘게 보냈다. 간간이 들리는 소문에는 옥봉 선생님이 청빈한 장학사로 표창을 받으셨다 했다. 그리고 다시 교장으로 나가셨다고도 했다. 그런 소문을 들을 때마다 마음속에서 맑은 물이 흘러내리는 듯했다.

아이들이 다 자라고 한숨 돌리게 되자 동창의 누군가가 모임을 주선했다. 우선 서울에 사는 친구만 수소문해서 모여 보니 남녀 여남은 모두 한마음이었던지 하나같이 한숨에 달려왔노라 했다. 어느새 머리가 희끗희끗한 중년이 된 친구들은 건축계에서, 법조계에서, 대학에서, 경찰계에서 요소요소 중요한 자리에 앉아 당당하게 사회를 이끌어가고 있었다. 사업하는 친구들도, 크면 큰 대로, 작으면 작은 대로 자리를 굳히고 있었다. 공학도로 일찍 캐나다에 간 친구는 중견 시인이 되어 있었다. 우리는 누가 먼저랄 것도 없이 그 자리에서 세월의 옷, 지위의 옷, 위선의 옷을 훌훌 벗어버리고 초등학교 때로 되돌아갔다. 그리고 우리를 이렇게 길러주신 옥봉 선생님에 대한 감사의 이야기로 꽃을 피웠다. 우리는 곧 모임의 이름을 선생님의 호를 따서 옥봉회라고 하기로 했다.

내가 이민 떠나기 직전이었다. 인사차 광주 서석초등학교 교장실을 찾아갔다. 창밖을 보시며 안절부절못하며 기다리고 계시던 선생님의 주름진 얼굴. 그리고 손수건으로 눈물을 훔치시던 뭉툭한 손. 옥봉회는 내가 머나먼 나라에서 사

는 동안 피붙이보다도 더 가까운 모임이 되어가고 있다는 소식이 들렸다. 이를 증명이라도 하듯 캐나다의 친구가 고향에 갈 때 LA에 들러서 가기도 하고, 한국의 친구가 미국 동부 쪽에 볼일이 있어도 LA를 거쳐서 간다.

옥봉회는 날짜를 정해 놓은 모임은 아니지만, 선생님을 모시고 회원들 경조사, 멀리 있는 친구가 다니러 왔을 때 한 해를 보내면서 각자가 제일 우선으로 하는 모임이 되었다는 가슴 훈훈한 소식이다.

내가 가진 재산을 굳이 대라면 나는 서슴없이 옥봉회를 댈 것이다. 마음의 부자를 함께 배운 친구들이니까…….

고향에 가서 선생님 묘소에서 실컷 울고 싶다.

네 잎 클로버

고향과는 영 다른 것 같은 이 땅에도 잔디밭에는 한 무더기의 클로버가 섞여 있다. 나는 이 나이에도 클로버들 속에서 어쩌다 네 잎 클로버를 보면 가슴이 뭉클해지곤 한다. 나는 노인 아파트를 신청해놓고 기다리는 동안 손자도 봐주고 살림도 봐 줄 겸 딸네 집에서 지낸 적이 있다.

온 천지가 연두색으로 물이 오른 초봄 어느 날이었다. 그날은 초등학교 3학년에 다니는 손자를 데리러 가는데 함께 갔다. 끝나는 시간이 조금 남아 교문 앞에 차를 세우고 딸아이는 담임을 만나러 교무실에 들어가고 나는 잔디밭에서 기다리기로 했다.

나는 작은 항구도시에서 소녀 시절을 보냈다. 언덕 위에 성당이 있었고 성당 뒷마당에는 잔디밭이 있었다. 그곳에는 클로버가 무더기, 무더기 있어 친구들과 하얀 클로버 꽃으로 꽃반지도 만들어 끼고 꽃시계도 만들어 차고 조잘댔다. 그러면서 열심히 네 잎 클로버를 찾아 얌전하게 책갈피에 눌러 두었다가 친구에게 편지를 보낼 때 '행운과 함께' 라고 써서 넣어 보내곤 했다.

나는 네 잎 클로버를 찾기 시작했다. 어렵게 하나 발견하고 설레는 마음으로 딸아이에게 주려고 조심히 뜯어냈다. 와그르르 쏟아져 나오는 조무래기들 속에서 딸아이는 손자의 손을 잡고 뛰어온다. 나도 몇 발자국 뛰어가 얼른 네 잎 클로버를 내밀었다. 자동차에 오르자마자 네 잎 클로버를 찾은 것에 대한 반가움을 막 얘기하려 했다. 웬걸! 딸아이는 자동차에 타면서 그것을 버렸다고 한다. 순간 무엇을 잃어버린 것 같은 허망한 느낌이 들었다. 나 홀로 배신감이랄까.

나는 맥 빠진 작은 소리로 네 잎 클로버 때문에 나폴레옹

이 전쟁에서 목숨을 구했다는 둥, 시집 못 간 노처녀가 선 보러 가는 길에 네 잎 클로버를 만나 혼인이 이루어졌다는 얘기들을 작은 소리로 혼자 중얼거렸다.

"엄마. 제발 꿈 좀 깨. 네 잎 클로버는 돌연변이야, 사람의 육손이처럼 기형일 뿐이야."

뒷좌석에 앉은 손자 녀석은 무슨 말을 하는지도 모른 체 가만히 있다. 단어나 알까?

지난해 초가을 처음으로 비가 내리는 날이었다. 부엌 창문에서 보이는 감나무에는 단풍이 곱게 물들어 하나씩 땅위로 떨어지고 있었다. 유난히 고운 색깔에 첫 비를 맞고 있는 모습이 꼭 울고 있는 것 같아 안쓰럽다. 얼른 비에 젖은 이파리들을 바구니에 담아왔다.

"엄마! 또오…… 또…… 집 안 지저분하게……."

"야. 이 색깔 좀 봐! 물에 젖으니 더 이쁘네. 다리미로 잘 다려서 편지 속에 넣어 LA의 가을을 보내려고……."

"편지? 누구한테? 이 바쁜 세상에 편지라니? 이메일 있잖아. 카톡도 있고…… 순식간에 세상을 도는 카톡 말야. 카톡!!!"

이번에는 나를 달래듯 상냥하고 다정한 목소리다. 무엇이 이 고운 내 딸의 가슴속에 물기를 말려버렸을까. 세월일까.

문명일까. 나는 왠지 쓸쓸했다.

나는 틈만 나면 집 안의 무엇을 바꾸기를 좋아한다. 약간 자란 화초를 여러 개로 나누어 만들기도 하고, 그림도 자리를 요리조리 바꾸어 걸고, 커피 잔도 바꾸어보고, 작은 가구도 옮기고…… 아이들이 이 변화를 먼저 알아차리기를 바라지만, 기다리다가 언제나 내가 먼저 말해버린다.

"애들아. 뭐 달라진 거 없어?"

"뭐가 달라졌는데? 빨리 밥 줘요."

자기한테 직접 필요한 것이 아니면 관심조차도 없다.

바쁜 세상. 그래 참으로 바쁜 세상이다. 그리고 뭐든지 빨리빨리 척척 해내는 참으로 편리한 세상이다. 자기들 마음이 메마른지도 모르고, 알려고 하지도 않은 우리 아이들 가슴 깊이 무엇을 넣어주면 좋을까.

깨끗하게 정돈된 잔디밭에 물기 촉촉한 네 잎 클로버 한 뭉텅이를 넣어 주고 싶다.

미안해 로미오

지난 초가을 어느 일요일이었다. 우리 집에는 하얀색 말티즈, 로미오라는 강아지가 들어왔다. 로미오의 주인은 혼자 사는 노처녀인데 로미오와 어릴 적부터 단둘이 살다가 남자 친구가 생겼다. 그 남자가 개라면 질색을 해서 로미오를 몹시 학대했다고 한다. 노처녀가 견디다 못해 개를 잘 키울 사람을 찾다가 몇 다리 건너서 우리 집으로 온 것이다.

그러고 보니 눈빛이 불안하다. 우리는 목욕을 시키고, 털을 다듬고 정성을 다했다. 며칠 지나고 보니 은빛 털에 귀티 나고 잘 생겼다. 노처녀는 자식 걱정하듯 안부 전화를 하고, 간식 같은 것을 사 들고 종종 방문하곤 했다.

그러자 뜻하지 않은 일이 생겼다. 개를 없애든지, 집을 비우든지 하라는 집주인의 통보였다. 우리 식구들은 여러 번 의논을 했으나 딸아이가 우기는 바람에 집을 비우는 쪽을 택하기로 했다. 이번에는 아예 강아지가 있다는 말을 먼저 하고 집을 구해 이사를 했다.

6.8도 지진이 나던 날 새벽이었다. 로미오는 땅속의 그 무서운 예진을 사람보다 먼저 들었을까. 새벽잠에 곤히 빠진 우리 식구들 방마다 숨 가쁘게, 급히 알리러 다녔다. 천장이 갈라지고, 커다란 그림이 떨어지고, 책장이 쏟아지고, 유리가 박살 날 것을 미리 알려준 셈이다. 딸아이는 여진에도 로미오부터 안고 엎드렸다.

웬일인지 노처녀의 방문이 갑자기 잦아졌다. 밤중인지 새벽인지도 모르고 전화를 하는 행동도 약간 이상했다. 남자와 헤어졌다며 로미오를 안고 가서 자고 오고는 했다. 그런데 로미오를 소개한 친구의 다급한 얘기가 그녀가 남자친구한테서 버림받고 마약을 시작했으며, 전에 앓은 적이 있는 정신병이 도졌다며 우리에게도 무슨 짓을 할지 모른다는 것이다. 그녀가 로미오를 안고 간 지 삼 일째 되던 날 그녀에게서 전화가 왔다. 나는 눈 딱 감고 로미오를 다시 받지 않겠다고 해버렸다. 딸아이의 설득은 뒤로 미루고…

그 후, 소문에는 올림픽가에서 로미오가 젊은 여자랑 서성거리고 있더라는 것이다. 누구는 8가 할매집 앞에서 젊은 여자가 그 하얗던 털이 잿빛이 된 로미오를 안고 지나가는 남자에게 말을 걸고 있더라고도 했다. 또 누구는 그 여자는 정신병원으로 들어가고 로미오는 정부에서 끌어갔을 거라고도 했다. 그런 소문을 들을 때마다 딸아이는 봤다는 장소로 잽싸게 가 봤으나 번번이 허탕이었다.

"이제 와서 어쩌겠다는 거냐?"

나는 맘에 없는 소리로 나무랐다.

"돈 주고 사오려고…."

눈물이 맺힌 딸아이의 눈동자에서 로미오의 초롱초롱한 눈을 보았고, 비정한 내 마음을 보았다.

그러던 어느 날이었다. 딸아이가 어린애 팔뚝만 한 강아지를 한쪽 팔로 안고 왔다. 함께 일하던 친구가 뉴욕으로 가면서 버린 거라 했다. 만지기도 싫게 더럽고 병약한 것이 금방 쓰러질 것 같았는데 이름은 패블 이라 했다. 우리는 로미오에게 죄스런 맘으로 병원을 들락거리고 영양제를 먹이며 열심히 정성을 쏟았다. 몇 주가 지나니 살이 통통 오르고, 얼굴을 덮은 머리 사이로 빠끔히 내다보는 모습이 금방 무슨 말을 할 것 같다.

이번에는 막내 녀석이 일을 저질렀다. 이놈은 국적이 다른 사람들한테 옮겨 다녀서 이름도 없다 한다. 더구나 큰 개한테 물려서 뒷다리를 절었다. 로미오에게 지은 죗값으로 열심히 우리 식구로 만들기 시작했다.

"이놈 봐라. 엄마가 좋아하는 가수 조영남이 안경 벗은 얼굴이잖아?"

막내 녀석의 말에 이름을 쪼영이라 부르기로 했다. 수많은 자동차 알람 중에서 딸아이 것은 용케도 알고 패블과 쪼영은 쏜살같이 뛰어간다. 아이들을 키울 때 수십 명의 아이들 울음소리에서 용케 우리 아이 소리를 금방 알아내듯이…….

나는 두 녀석을 목욕시켜 털을 말리고 맥이 빠져 마당에 나와 한숨 돌리고 있었다. 마치 빨리 돌아가는 바람개비처럼 남은 물기를 털어내고 있는 두 녀석을 보니 로미오 생각이 났다.

'어디서 우리를 원망하고 있을까. 아니면 까맣게 잊고 있을지도 몰라.'

스승의 날에

연초록색이 연상되는 다시 만나고 싶은 선생님이 한 분 계시다.

작은 항구도시 목포에서 자란 내가 헐렁한 감색 교복을 새로 입은 꼬마 여중생이 됐을 때였다. 모든 것이 새롭기만 했다. 빳빳하게 풀을 먹인 하얀 교복 칼라에 클로버 모양의 배지를 가슴에 단 나는 세상 사람이 다 나만 보는 것 같았다. 수업시간마다 모두 다른 선생님이 들어오시는 것도 신기했고, 산수를 수학이라 부르는 것도 근사한 일이었다.

우리 반 담임선생님은 국어를 담당하신 젊은 남자 선생님으로 유난히 피부가 하얗고, 입술색이 창백한, 키가 훤칠하고 조용하신 분이다. 나중 알고 보니 그분은 시인이셨다. '자전거' '아롱다롱 나비야' '누가누가 잠자나' 등등 주옥같은 동요의 동시를 지으신 목일신 선생님이시다. 선생님은 특별히 나를 귀여워해 주셨다.

어느 날이었다. 시인이신 목일신 선생님은 숙제로 글을 써 오라 하셨다. 그때 나는 시가 뭔지도 모르면서 세상에 태어나서 처음으로 '시'라는 것을 써봤다. 중학교에 들어오면서 곧바로 미술반에 들어간 나는 색깔에 관해서 관심을 갖기 시작했었던 모양이다. 그래서인지 지금 기억은 잘 나지 않지만 더듬어 보면 숙제인 시도 색깔을 비유해서 썼던 것 같다.

'초록색 로사(나의 세례명)는/성당에 간다.'로 시작해서 빨간색 죄를 하얀색 기도로 비니. 분홍색 마음이 되어 다시 초록색 로사는 성당에서 돌아온다. 대충 이런 유치한 내용이었다.

목일신 선생님은 학교 안에 있는 일본식 건물인 사택에서

사모님과 단둘이서 사셨다. 수업이 끝나면 나를 종종 부르셨다. 햇볕이 들지 않은 어둑어둑한 다다미방에서 나를 무릎에 앉히시고 물으셨다.

"나는 무슨 색깔이냐?"

"연초록색이요."

옆에서 뜨개질을 하시던 사모님이 "그럼 나는?"하고 웃으셨다.

"음~~ 사모님은 보라색이요."

아마 그때 내 생각은 선생님은 동요를 지으신 분이라. 연초록색이요, 사모님은 슬하에 자식이 없어 어딘지 고독하게 보여 보라색이라 했을까? 2학년에 올라가면서 목일신 선생님은 서울 이화여중으로 전근 가셨다.

그 후 오랜 세월이 지나면서 선생님의 깨끗한 동요를 대할 때마다 뭉클 선생님 생각이 새싹처럼 돋아나곤 했다. 그럴 때마다 선생님을 뵌 듯 꼬마 여중생으로 되돌아가 선생님 안부가 궁금하기도 했다. 그러나 60년이 훨씬 지난 지금까지 선생님을 만나 뵌 적은 한 번도 없다.

몇 년 전 이메일 한 통을 받았다. 어떻게 알았을까? 놀랍게도 목일신 선생님의 고향(전남 고흥)에서 자전거 시인 축제가 있으니 글을 하나 보내달라는 거였다.

'아! 돌아가셨구나.'

'찌르릉찌르릉 비켜나세요 / 자전거가 나갑니다 찌르 르르릉……'

뭔가 모르지만 죄송한 마음이 든다.

가슴이 뭉클하고, 눈물이 난다.

하늘나라에서도 주옥같은 동시를 쓰고 계시리라 믿고 싶다.

온통 연초록빛인 봄날에.

영원한 안식을 빌며…….

이빨 여행

여행이란 '어디로?' 보다 '누구랑?' 이 더 중요하다고 한다.

나는 어렸을 적부터 치과에 자주 드나들었다. 치과 의자에 누우면 곁에는 각종 기구가 즐비하게 놓여있고, 그것들이 입속으로 들어온다는 공포…… 긴장한 탓인지 턱이 빠진 적도 두어 번 있었다. 그래서 그런지 늙은 나이에도 유독 치과 공포증이 심하다. 마지막으로 이빨을 정리하고자 초봄부터 대대적으로 일을 시작했다. 틀니가 해당하는 보험

회사를 찾고, 위에 두 개, 아래 두 개를 남기고 다 뽑고…… 임시 틀니를 끼우고, 아물고, 틀니를 맞추고 저녁에 틀니를 벗는다. 시커먼 굴처럼 휑 뚫린 입속. 처음에는 놀라고, 다음에는 무섭고, 그다음에는 너무 슬프다. 무섬증이 많은 나를 8개월이 넘게 보호자처럼 따라다닌 딸아이.

드디어 틀니를 끼우는 날. 딸아이가 말했다.

"엄마. 고생 많이 했어. 우리 둘이 틀니 끼운 축하로 이빨 여행갈까?"

"조오치! 어디로?"

"연구해 봅시다."

딸과 둘이서 여행이라니…… 그렇게도 내가 원했던 일이 아닌가.

그날 밤부터 잠이 오지 않았다. '어디로? 달나라로? 아니면 용궁으로?' 가슴이 방망이질 친다. 그날 오후 노총각 막내가 들렀다. 흥분한 나머지 나도 모르게 말해 버렸다.

"얘 누나랑 이빨 여행 가는데 너도 갈래?"

"그래요 날짜만 잡아 연락해요, 휴가 낼 터이니까."

나는 자랑삼아 해 본 말인데 의외였다. '바빠요 담에요.' 할 줄 알았기 때문이다.

딸아이는 장소를 물색했다. 여기저기 인터넷으로 알아보

고, 친구들한테 묻고, 그러던 중 회사 직원이 엄마가 게임을 좋아하시냐고 묻더란다. 전혀 아니라고 하니 그럼 라스베이거스에 호텔을 즐기고 오는 것이 어떠냐 해서 그것도 좋다 하고 우리는 행선지를 라스베이거스로 정했다. 여행은 어디로 보다, 누구랑 이니까…….

떠나기 전날 밤 딸아이한테서 전화가 왔다. 중학교 일 학년인 자기 아들도 가도 좋으냐고.

"오케이."

"엄마, 간식거리나 밑반찬은 절대로 가지고 오지 마. 그냥 가는 거야. 가다가 '맥도날드'나 '인 앤 아웃'에서도 해결할 수 있으니까."

딸아이와 나는 아들 하나씩을 대동하고 자동차에 올랐다.

어린애처럼 들뜬 마음으로 창밖을 보니 아름다운 하늘에 하얀 구름이 우리에게 손짓한다. 조금 더 가니까 느닷없이 먹구름이 끼는가 싶더니 번개가 치고 앞을 볼 수 없는 폭우가 쏟아진다. 일 년 내내 비가 모자란 엘에이에서는 반가운 일이지만…… 얼마를 갔을까 날씨는 언제 그랬냐는 듯이 말짱해 모든 것이 더 투명하다. 가만히 생각해본다. 한 치 앞은 못 보는 우리 인생살이도 이렇게 예기치 못한 일이 생긴다는 것을. 그리고 비바람 뒤에 더욱 청명하다는 것을.

라스베이거스에 도착을 해서 예약해놓은 호텔을 찾아갔다. 시내 중심지에 생긴 지 2년 됐다는 별 다섯 개의 이 호텔은 카지노도 없고, 식당도 없고, 쇼핑몰도 없는 고급 호텔이다. 짐을 풀고 라스베이거스에서 제일 맛있다는 스시집에 저녁을 먹으러 갔다. 오는 길에 길거리 공짜 쇼를 보며 하늘의 별이 죄다 내려앉은 것 같은 별천지인 라스베이거스의 밤을 구경했다. 신발을 잘못 신었는지 허리와 다리가 몹시 아팠지만 미안해서 티도 못 내고 즐겁고 기쁜 척하며 돌아다녔다. 잠자기도 아까운 고급 호텔에서 야경을 보며 잠자리에 들었다. 다음날 새벽에 호텔 안에 있는 사우나와 수영을 즐기며 몸과 마음을 풀었다.

다음날은 여기저기 호텔을, 명품점을, 진열장의 디스플레이를 구경하면서 비록 게임은 안 했지만, 만족하며 행복했다. 고급스럽고 전망 좋은 이 호텔을 떠나기가 아깝다. 비록 이박삼일의 짧다면 짧은 여행이었지만 내 생애에 잊을 수 없고, 참으로 고마운 봄날이었다. 가장 유명하다는 식당에서 브런치 뷔페로 식사를 했다.

돌아오는 길 자동차 안에서 나는 말했다.

'손주야, 말틴! 빨리 커서 자동차 라이선스 따라. 네가 운전하고 다시 오자. 우리 아들 시몬 좀 편안하게.'

내게 소원을 말하라면 이렇게 말하리라.

이번에는 두 효자 아들들을 똑. 떼어놓고 딸하고만 둘이서 팔짱을 끼고 다시 한 번 여행을 했으면 싶다고.

내가 사랑하는 작은 부스러기들

세월이 흐를수록 사랑하는 것이 많아집니다.

나는 유년시절 한반도 남서쪽 끄트머리 '타리' 라는 조그만 섬에서 자랐습니다. 여름밤이었습니다. 섬의 밤하늘은 유난히 별들이 빼곡히 박혀 자리가 비좁은지 빗금을 그으며 별똥별들이 수도 없이 내려옵니다.

섬의 바닷가에 물결에 젖은 자갈들이 달빛에 반짝이는 것을 별똥별이 떨어진 것이라고 주우러 다닐 때 조용히 밀려와 내 발목을 잡던 순한 밀물을 사랑하고, 집집이 마당에

모깃불을 피운 풀내음을 지금도 사랑합니다.

추석 무렵 달빛이 은가루를 바다에 흠뻑 쏟아 은물결 넘실거리는 밤에 저 건너 큰 섬에서 번져오는 징소리를.

바다는 살아 있어 쉼 없이 섬을 다독거리는 작은 파도를 함께 사랑합니다.

섬의 겨울은 유난히 눈이 많이 옵니다. 밤새 내린 눈으로 섬은 커다란 눈덩이가 바다에 떠 있는 듯합니다. 창문을 드르륵 여니 황금 햇살이 반짝 내 눈을 시리게 했던 고드름.

초등학교 입학식 전날이었어요. 내가 입고 갈 감색 세루 주름치마를 당신의 요 밑에 조심히 깔고 다독이시던 늙은 엄마 손가락에 낀 은가락지.

이 모두를 사랑합니다.

낙엽이 떨어지듯 세월도 한 잎씩 떨어져 나갑니다.

낯선 땅에 이민와 엉거주춤 서 있는 나그네 가슴을 활활 태우는 말리부 해변의 붉은 노을을. 이 땅의 이름 모를 가을 들꽃들을 사랑합니다.

작년에 생명이 다했다고 재껴 놓았던 선인장 머리 위에 살며시 피어난 한 송이 꽃에 햇살 한 줄 꽂힐 때…… 그 싱그러운 아침을.

불난리가 한바탕 지나가고 서서 죽은 새까만 나뭇가지에

어느 날 다시 돋은 연두색 새움을, 가슴 설레며 사랑합니다.

영리하고 의리 있다 해서 엉겁결에 이민 온 내 얼굴 닮은 진돗개. 이 땅에 와서 '개 명단'에도 못 들고 그래도 어찌 고향을 잊을소냐. '진도 아리랑'을 아프게 삭이고 있을 것만 같은 그 어진 눈을 사랑합니다.

산 너머 구름 너머 소식을 전해주는 우표 한 장을 사랑합니다.

어쩌다 길을 가다 베란다에 하얀 기저귀가 널려 있는 것을 볼 때, 얼굴 모르는 아기와 그 엄마를 사랑합니다.

홀리 크로스 묘지에 누워 잠들어 있는 남편의 비석 옆에 그의 혼이 감기며 빙글빙글 돌고 있는 바람개비 도는 소리를, 할아버지는 하늘나라에 가면서 왜 자동차는 두고 갔냐고 묻는 앞니 빠진 외손자, 여섯 살에 엄마를 보내고 엄마 얼굴에 세수시킨다고 물로 비석을 닦는 그린이의 조그만 손을, 이 모두를 가슴 저리게 사랑합니다.

꿈을 그리는 샤갈을 사랑합니다.

모딜리아니 여인상 일그러진 눈매를.

선 굵은 루오의 예수 얼굴도 사랑합니다.

이외수의 세련된 선을 사랑합니다.

나는 나 자신이 싫을 때가 많습니다. 그렇지만 있는 듯 없는 듯 수호천사처럼 나를 지켜주는 내 그림자를 사랑합니다. 내 그림자보다 노란색 리본을 더 사랑합니다.

내가 사랑하는 것들은 아주 조그만 부스러기입니다.

사랑의 부스러기들입니다.

선물

어젯밤 내내 봄을 시샘하는 꽃샘바람인지 세찬 바람이 불었다. 아침이 되니 바람은 꿈이라도 꾼 듯 흔적도 없이 사라지고, 햇빛은 더 투명하고 잔잔하다. 마당으로 나가봤다. 바람으로 화분이 넘어지고 나뭇잎들이 떨어져 온통 아수라장이다. 나는 어디서부터 손을 댈까 망설이며 쭈그리고 앉았다. 깨진 화분 흙 속, 작은 양파 같은 알맹이에서 뾰족이 나오는 연초록색 새싹 하나를 발견했다. '어머나! 이게 뭐야?' 순간 가슴이 뭉클했다.

그때 내게는 실로 과분한 일이었다. 미주 중앙일보 '이 아침에' 고정 필진이 된 후 몇 회가 나갔는데, 놀랍게도 어느 독자가 조그만 연분홍 꽃이 송알송알 달린 히아신스 화분 하나를 보내왔다. 글을 쓰면서 독자에게서 받아본 선물도 없었지만, 꽃 선물을 받기는 처음이었다. 나는 언젠가 그 독자를 만나게 되면 줄 요량으로 망원렌즈를 사용해서 사진을 찍어놓았다.

유난히 향기가 짙은 히아신스 화분을 화장대 위에 두고 방을 들락거릴 때마다 꽃대 두 개에서 뿜어내는 방안 가득한 향기에 감동적이었고 과분한 이 선물에 알량한 내 글이 부끄럽기도 했다. 그러나 말할 수 없는 큰 기쁨도 숨길 수 없는 사실이었다. 한 열흘쯤 지나자 꽃도 지고, 향기도 없어져 마당 구석에 밀어놓고 까맣게 잊어버렸다.

선물을 받을 당시, 하도 감격해서 히아신스에 대해서 여기저기 알아봤다. 히아신스는 남아프리카가 원산지이며 꽃말은 영원한 사랑, 비애였다. 그리스 신화에 '히아킨토스'라는 세상에서 제일가는 미소년이 있었다. 태양신은 그 소년을 사랑했는데 어느 날 그 태양신이 던진 원반에 소년이 맞아 죽었다. 태양신은 너무나 가슴이 아파 그 소년의 넋을 꽃으로 태어나게 했다는.

그래서 그 향기가 달콤하고, 매력 있었나 보다. 히아신스는 알뿌리 화초다. 1년 동안 흙 속에서 잠을 자다가 이른 봄이 되면 누가 가르쳐주지도 않았는데 연초록 새싹으로 잠을 깨고 일어난다.

그래, 내가 누군가에게 정성 드려 선물을 했을 때, 처음과는 달리 이렇게 방치되었다고 생각하니 너무 부끄럽다. 선물이란 마음이, 우정이 함께 들어 있는 것이고, 주는 사람의 마음을 헤아려 작은 것이라도 소중하게 여겨야 한다는 것을 다시 한 번 생각해본다.

그 히아신스 화분을 선물해준 독자를 만나본 적은 없지만, 지상을 통해서 미안하고 고마운 마음을 전한다.

무궁화 LA에서 만나다

이민 초기에 아래층에 어린이 학교가 있는 집 위층에서 산 적이 있었다. 어느 날 마당 귀퉁이에 유치원 원장이 나무 한 그루를 심고 있었다.

“이게 무궁화나무인데 학교에 한국 아이들이 많아서요.”

며칠이 지나자 나무에 꽃봉오리들이 하나둘 맺히는가! 했더니 어느새 탐스러운 꽃들이 온통 나무를 뒤덮어버렸다. 꽃잎은 하얗고, 노란 꽃술을 받히고 있는 꽃 속은 진홍빛이다.

무궁화 품종은 수도 없이 많다. 그중 색깔이 하얗고 속이 진홍 빛깔인 것이 우리나라 '나라꽃'이다. 아침나절부터 꽃이 활짝 피어 마치 주먹만 한 나비들이 나무에 붙어 팔랑거리는 듯하다가 해 질 녘이면 날개를 접고 모두 우수수 떨어지는 형상은 한세상 깨끗이 살다가 미련 없이 가는 것처럼 볼 수도 있겠다.

문득 어렸을 적 일이 생각난다. 하루는 아버지가 꽃나무 두 그루를 모과나무 옆에 심으시고 "애들아! 이 나무를 건드리믄 하루걸이(학질) 걸린다 조심해라……."하시며 혼자서 열심히 보살피셨다. 언니랑 나는 이 나무를 보고 하루걸이 나무라며 피해 다녔다.

얼마가 지나니 나무에는 접시꽃 비슷한 하얀 꽃들이 수도 없이 많이 피었다가 저녁에는 모두 떨어져 버리는 볼품없는 꽃나무였다. 거기다가 진딧물이 어찌나 꼬이던지 더러운 피부병을 앓고 있는 것처럼 보이기도 했다. 우리는 하루걸이 나무에서 부스럼 나무로 이름을 바꾸었다.

무궁화가 우리나라 나라꽃이라는 것을 안 것은 초등학교 들어가서였다.

"무궁화, 무궁화, 우리 나라꽃. 삼천 리 강산에 우리나라 꽃……."

동요를 부르면서도 어쩐지 정이 들지 않았다. 어느 날 언니랑 말놀이를 하면서 세상에서 젤 미운 꽃? 나는 받아서 무. 궁. 화. 꽃. 했다.

우리가 노는 모습을 본 아버지가 무릎을 꿇으라 했다.

“허어~ 요놈들. 그럼 못써! 무궁화는 우리나라 나라꽃이야. 꽃은 하루밖에 피지 않지만, 내일 아침에 해가 뜨면 더 좋은 새 꽃이 피지 않디? 너희도 아침에 새 마음으로 일어나 하루를 잘 보내고, 저녁이면 잠이 들듯이……. 나라의 앞날에 계속 새로운 해가 뜨기를 바라는 뜻에서 나라꽃으로 정했단다. 꽃을 찬찬히 들여다봐라. 속이 얼마나 깨끗하냐? 또 뿌리를 달여 먹으면 설사 났을 때 담방 약이 된단다.”

아버지는 평범한 국민이었지만 나라를 사랑하고, 나라꽃까지 사랑하신 분이셨나 보다.

아버지는 지금도 하늘에서 무궁화나무를 기르고 계실까.

울엄마 은가락지

엄마를 생각하면 가슴이 저려오는 아픔이 있다.

나는 일곱째 막내로 태어난 쉰둥이다. 엄마는 몸이 약해 병치레를 많이 했다. 풍선에 바람이 빠져버린 듯 쪼글쪼글한 엄마의 젖을 나는 초등학교 들어갈 때까지 빨았다. 당시 내가 자란 소도시에는 유치원이 하나 있었다. 그 유치원도 그놈의 젖 때문에 갈 수가 없었다.

엄마는 초등학교 입학식 날, 내가 입고 갈 주름치마를 은가락지 낀 주름진 손으로 정성 들여 만지시고 날마다 당신요 밑에 깔고 주무셨다.

입학식 날이었다. 울타리에 노오란 개나리가 만발했다. 하얀 손수건을 가슴에 달고 엄마 손을 잡고 생전 처음 학교 운동장에 들어섰다. 저마다 엄마 손을 잡고 모인 아이들이나, 엄마들도 모두 흥분에 들떠 있었다.

다른 엄마들은 새로 파마를 하고, 원피스나 투피스로 모양을 낸 젊고 예쁜 엄마들이다. 그런데 우리 엄마는 얌전하게 쪽 찐 머리에 손질이 잘된 명주 한복을 입은 어디로 봐도 할머니다.

그리고 유독 하얀 피부에 주름이 그렇게 많은 것도 처음 보았다. 엄마는 내 곁으로 다가왔다. 손을 꼬옥 붙잡았다. 순간 나는 늙은 엄마가 창피한 마음이 들어서 손을 살짝 빼고 곁으로 숨었다. 엄마는 속도 모르고 더 바짝 붙어서 무슨 말인지 말을 걸었다.

돌아오는 길에 엄마는 내게 말했다.

"아가. 오늘 힘들었지? 업어줄까?"

나는 그것조차 옆 사람이 듣기라도 한 듯 창피했다. 나는 결국 엄마에게 해서는 안 될 말을 뱉고 말았다.

"엄마! 담에는 학교 오지 마! 애들이 할매라고 놀린단 말야. 할매~ 할매~"

어느새 할매가 된 나는 지금도 그 생각만 하면 가슴이 더 저리다.

내 주름치마를 만지던 엄마 손가락에 끼워진 은가락지가 생각나 가만히 내 손을 들여다본다.

아! 주름진 내 손…… 바로 엄마의 손이다.

제비 오는 날

우리나라에서는 삼월 삼짇날(음력 3월 3일)은 강남 갔던 제비가 돌아오는 날이다. 제비는 조그맣고 새까만 철새로 가을 중양절(음력 9월 9일)에 강남으로 돌아갔다가 이듬해 삼짇날 새봄과 함께 다시 돌아온다.

우리 선조들은 자기 집 처마 밑에 제비가 둥지를 틀면 복과 행운이 온다고 길조라 했다. 또 제비가 3년 동안 한집에 와 살면 그 집에 은공을 갚는다 해서 죽은 사람도 살리는 보답을 하는 새라 믿었다. 삼짇날 제비를 환영하는 뜻에서 진달래 화전을 부쳐 먹는 풍습도 있었다. 희망찬 봄에 조그만 새를 놓고 생각하는 선조들의 아름다운 마음이 아닐는지. 더욱이 흥부전이라는 전래동화는 전무후무한 아름다운 이야기이다.

이민 초기였다. 낯선 이곳에서 귀가 번쩍 뜨이는 이야기를 들었다. 캘리포니아에서 유일하게 봄이면 제비가 날아오는 곳이 있다는 것이다.

'San Juan Capistrano 성당' 3월 19일 성 요셉 축일 아침이면 어김없이 이 성당 남쪽으로부터 제비가 날아와 둥지를 튼다. 제비들은 식구를 늘려 여름을 난 후 10월 23일 성 요한 축일에는 작별 인사를 하듯 성당 위를 뱅뱅 돌다가 떠나간다는 이야기를 들으니 가슴이 뭉클해진다. 성 요셉 축일에 맞춰 친구를 졸라 샌디에이고 가는 길에 있다는 성당을 찾아 나섰다. 고속도로에서 막 내리자 작은 마을은 온통 축제 분위기다. 제비가 오는 것을 보려고 몰려든 관광객과 마을 사람들로 인산인해를 이루며 들떠 있었다. 마을 사람들은 길거리나 음식점, 선물가게 할 것 없이 제비가 그려진 티셔츠를 입고 관광객을 맞이하고 있다. 까만색 옷을 입은 사람들, 제비 모양의 옷을 줄레줄레 걸친 사람…… 온통 제비 투성이다.

성당은 아주 오래된 건물로 일부는 보수공사를 하고 있었다. 성당 마당에는 인디언들의 축제가 한창이고, 마을 학교 카니발도 벌어지고 있었다.

오래오래 전 이 마을에 성당이 생기고 수도자들만 있을 때였다. 이 성당은 성 프란체스코 소속 수도회였다. 그 시절 제비는 흉조였다 한다.

어느 날 성당 인근 한 주막집에서 일이었다. 입구에 둥지를 튼 제비집을 주인이 부수고 있었다. 이 광경을 본 요셉이라는 수도사가 집을 잃고 짹짹거리는 조그만 제비가 불쌍해 성당에서 보호하며 돌보기 시작했다.

그 후, 초봄이면 제비들은 은공을 갚는 듯 성 요셉 축일에 어김없이 왔다가 여름을 보내고, 가을 성 요한 축일에 떠난다고 한다.

1936년 음악가 Leon Rene는 아침 식탁에 앉아 식사를 기

다리다 아내에게 짜증 섞인 말투로

“내 원 참! 이러다가 제비들이 벌써 와 버리고 말겠구려!”

하고 투정했다. 여기에 착안해서 그 유명한 ‘When the Swallows came back to Capistrano!(카피스트라노에 제비가 오면!)’ 이라는 노래가 지어졌다 한다.

캘리포니아 제비 이야기에 흥부네 제비 이야기까지 떠올려보니 고향 집 마당, 빨랫줄에 나란히 앉은 조그맣고 까아만 제비들의 재잘거리는 노랫소리가 들리는 듯하다.

등잔 밑

'등잔 밑이 어둡다'라는 말이 있다.

오래전 일이다. 달러 환율이 1천 원대를 넘어가고 있을 때 나는 한국에 있었다. 바로 등잔 밑에 있었던 셈이다. 출국 준비를 하고 있었다. 한국에서 몇 달 머물렀기 때문에 미국 친지들에게 예쁜 스카프나 선물할까 하는데 마침 백화점 세일을 한다고 해서 나갔다.

'와아!' 이렇게 많은 인파를 어떻게 설명해야 할지. 어렵사리 백화점 문을 열고 들어섰다. 여느 백화점과 마찬가지로 1층에는 화장품 품목이다. 둘러보니 세계 유명 상표들만 화려하게 자리를 잡고 있다. 그 중간중간 스카프와 넥타이를 높이 들고 젊은 점원들이 소리 지르며 외제상품 이름을 알리는 것이다. 손님들 떠드는 소리와 섞여 그야말로 난장판이다.

밀리는 인파로 내가 원하는 장소로 도저히 갈 수가 없었다. 2층으로 올라가고, 내려오는 에스컬레이터는 사람들이 꽉 차서 마치 옥수수 알이 빼곡히 박힌 것처럼 보인다.

밀려 밀려 4층까지 올라갔다. 그곳은 화려한 수입품 모피들이 고급스럽고 멋있게 진열되어 있었다. 가격표를 보니 달러로 환산하기조차 어려운 비싼 금액이다. 꼭대기 층 식당가에도, 지하 식품부에도 발 디딜 틈이 없었다. 특히 사치품 수입 코너와 먹는 것 파는 곳은 더더욱 인산인해였다.

며칠 전이었다. 열 살 아래 남자 조카와 성묫길에 나섰다. 성묘도 성묘지만 아름다운 고향의 가을 속으로 들어간다 생각하니 마음이 들떴다. 도심을 벗어나니 화려하고 고급스러운 유럽풍 건물이 즐비해 꼭 남의 나라를 온 것 같은 착각이 든다. 서양 부자의 사치스러운 파티복을 빌려 입은 형상이라 할까. 아름다운 숲 속에는 속칭 '러브호텔'이라는 간

판들이 우뚝우뚝 서 있다. 길거리에는 식당 천지다. 식당마다 메뉴가 커다랗게 적혀 있다.

오리탕, 사철탕, 토끼탕, 영양탕 등등… 이런 것들이 다 정력탕이라고 조카가 일러주며 시골 벽촌에도 다 이렇다고 한다. 조카는 한국이 외식하는데 쓰는 돈이 세계 1위라 한다.

그러고 보니 도심지에도 식당이 천지고, 먹자골목은 어딜 가나 있다. 나라가 썩어간다고, 정치가들은 서로 '네 탓'이라고 악을 쓰지만, 등잔 밑의 국민은 감각이 전혀 없이 사는 것을 피부로 느끼며 LA행 비행기에 올랐다.

정말 한국은 망할 것인가 곰곰이 생각하다 '아니다'라는 대답을 맘속으로 해본다. 자기 분야에서 정말 성실하고 정직하게 살아가고 있는 많은 사람도 만났다. 나의 친구 약사는 사람에게 해롭다고 생각되는 약은 절대로 팔지 않는다. 조제약도 두 봉지 이상은 사절하고 자기 약국 손님들의 건

강을 자기 가족 건강처럼 돌본다. 또 친지인 내과 의사는 행려병자. 무의탁 환자를 돌보느라 결혼까지 포기했다.

봉사회를 만들어 손자, 손녀 돌잔치를 사직공원에서 외로운 노인네들과 함께하는 선배는 술, 담배, 마약으로 거리를 헤매는 자기 또래의 청소년들을 집으로 데려와 선도하는 대녀의 아들 등등…….

작게는 지하철 층계를 오르내릴 때 휴지를 줍거나. 가로수에서 떨어진 송충이를 누가 보거나 말거나 잡고 있는 친구도 있다.

외제선호 사치를 버리고 국산품을 애용해야 나라가 산다고 한다.

이 원고를 쓰고 있는데 라디오에서 광고가 나온다. 서울에 사는 언니가 LA 사는 동생에게

"너 서울 올 때 이탈리아제 무스탕 꼭 사와 여기서 대유행이야……."

순간 머리가 혼미해진다. 무엇인가에 의해 다시 등잔 밑으로 들어가고 있는 기분이다.

아버지의 눈

내 아버지의 눈은 쌍꺼풀이 없고, 눈꼬리가 아래로 약간 쳐졌다. 얼른 보면 선하고 순하게 보이나, 누구도 쉽게 가까이할 수 없는 위엄과 고집이 배어 있는 눈매이기도 하다. 내 가슴에 아버지의 그 눈이 영원히 지워지지 않게 찍혀버린 것은 육십 년이 훌쩍 넘었다.

나는 한반도 남쪽 작은 항구도시 목포에서 칠 남매의 막내로 태어났다. 쉰둥이다. 아버지는 '곧은 마음 바다와 같아라.' 하는 뜻으로 내 이름을 해정(海貞)이라 짓고 늦둥이인 나를 유별나게 귀애했다.

아버지는 어부가 아닌 평범한 사람이었지만, 신안군 임자도에서 새우어장으로 일본에 수출을 해서 젊은 나이에 엄청난 돈을 벌었다. 아버지는 남양환이라는 자가용 배와 호남에서는 최초로 라디오를 가지고 일기예보를 들으며 그 당시 목포에서 종일 걸리는 거리를 물때 맞추어 서너 시간에 왕래하곤 했다. 아버지는 목포에 어업조합을 만들고, 개화기 우리나라 수산업에 앞장을 섰다. 아버지 그늘이 만 리라고, 부근 섬사람들의 생계는 물론 가난한 집의 똑똑한 아이들을 골라 목포 집에서 학교에 보냈다. 친척들도 서울로, 일본으로 유학을 보내고, 학비며 생활비를 넉넉하게 대주었다. 아버지는 남한의 명사십리라고 불리는 끝도 갓도 없는 모래펄과 무인도, 유인도를 합쳐서 대여섯 개의 섬을 가지고 있었다. 그중에 아버지는 타리라는 섬을 가장 사랑했다. 행정상으로는 전라남도 신안군 임자면 태이도이다. 타리는 크지도 작지도 않은, 중간치의 섬이다. 흩어져 공부하는 친척들에게도 타리는 여름방학을 보내는 아주 좋은 휴양지이기도 했다. 타리섬 남쪽으로 설탕보다 더 고운 모래펄이 있어 여름철엔 해당화가 만발하고, 섬의 양지바른 남쪽에는 커다란 기와집인 우리 집 뒤쪽으로 조가비를 엎어 놓은 듯, 옹기종기 아홉 채의 초가집들이 사이좋게 모여 있다.

섬의 뒤 언덕마루에는 몇백 년이 넘었다는 팽나무가 우람한 모습으로 터줏대감처럼 버티고 서 있다. 건너다보이는 두 무인도 중 한 섬에는 한약재를 심고 염소 세 쌍을 넣었다고 했다. 그것이 불고 불어나 몇천 마리가 되었는지, 몇만 마리가 되었는지…… 타리 뒷산 언덕에서 건너다보면 구름처럼 몰려다니는 염소 떼들로 섬이 온통 움직이는 꽃밭처럼 보였다. 아버지는 그 광경 보시기를 참 좋아했다. 내 나이 아홉 살. 6·25 사변이 일어났다. 우리 가족은 주변에 사는 친척들과 남양환을 타고 그 어디보다 가장 안전하다고 생각한 타리섬으로 바리바리 싸서 피난을 갔다. 몇 달은 그럭저럭 휴양지로 편이들 지냈다.

우리 아이들은 전쟁이라는 것을 전혀 실감 못 했다. 숙제도 없고, 거기다가 학교까지 안 가니 마냥 해방감에 들떠 있었다. 어렸을 적부터 함께 자란 송아지만 한 사냥개 두 마리, 메리와 세리가 좋은 친구이기도 해서 날마다 즐겁기만 했다. 부리나케 아침밥을 먹고 아이들은 여느 날처럼 뒷산 수수밭에 꿩 알을 찾으러 가는 데 늘 앞장을 서던 그 녀석들이 그날은 왠지 따라오지를 않는다. 그날따라 꿩 알은 못 찾고, 산딸기랑 까마중을 따 먹고 있는데 어디선가 '타

앙! 탕! 탕!!' 하는 섬뜩한 소리가 섬을 울린다.

"어? 우리 집 쪽이다."

정신없이 뛰어서 집이 내려다보이는 언덕마루로 갔다. 뭔가 집 주변이 어수선해 보인다. 가슴이 방망이질 친다. 어린 나이에도 무슨 예감이 있었던지 단숨에 구르듯이 집으로 내려왔다. 언덕을 미끄러지듯 내려오는데 동네 아낙 하나가 길을 비키며 다급히 말했다.

"언능 가봐라~"

국군이 인천을 상륙했다는 소식에 지방 폭도들은 큰 섬을 쑥밭으로 만들었고 그 불똥이 조그만 이 섬에까지 튄 것이다. 팔뚝에 붉은 완장을 두른 청년 두 명이 장총을 들고 처마 밑에 서 있다. 모퉁이를 막 돌아서는데 '아! 메리와 세리…… 그 총성이 바로…….' 널브러져 있는 녀석들은 송아지보다 훨씬 크다. 피투성이가 된 메리는 긴 주둥이를 벌리고 이빨을 다 드러낸 채였고, 세리는 순한 눈을 감지도 못하고, 검붉은 피에서는 김이 모락모락 났다. 아직 숨이 끊어지지 않은 탓인지 피범벅인 근육이 약간씩 꿈틀거린다. 꿈에서처럼 발이 움직여지지 않는다. 엄마는 어디 있을까…… 숨이 쉬어지지 않아 겨우겨우 모퉁이를 돌아섰다. '아! 아! 아버지가…… 우, 우리 아버지가…….' 깡마른 붉

은 완장이 아버지한테 긴 총을 들이대고 있고, 아버지는 등을 돌리고 내 키보다 더 큰 금고의 열쇠를 돌리고 있었다. 한 번도 본 적이 없는 아버지의 저 초라한 뒷모습. 나는 숨이 멎는 것 같았다.

"아-부-지……"하고 불렀지만, 소리가 나오지 않는다. 꿈에서처럼. 도대체 엄마는 어디 갔을까. 도대체 엄마는…… 아버지는 금고를 다 열었는지 힘없이 돌아앉는다. 내 눈과 마주쳤다. 그 순간, 몸에 전기가 흐르는 듯 찌릿했다. 아버지는 살짝 미소를 지었다. 지금 생각하면 그때 그 미소가 무슨 뜻이었을까? 아버지는 힘없이 두 팔을 벌려 내게 오라는 시늉을 했다. 나는 엉겁결에 무릎걸음으로 다가가 품에 안겼다. 따뜻했다. 이것이 나한테 아버지의 마지막

체온이었다. 잠시 후 붉은 완장들은 아버지를 호위해 나룻배에 태웠다. 죽은 메리와 세리도 억지로 끌어서 태웠다.

파도소리와 함께 서서히 멀어져가는 나룻배 한가운데 선 아버지와 나는 다시 눈이 마주쳤다. 그 눈…… 그 눈……. 그 눈은 영원히 지워지지 않은 문신처럼 내 가슴에 찍혀버렸다. 아버지만 의지하고 살던 순한 섬사람들은 놀라 모두 쏟아져 나왔다.

점점 멀어져가는 나룻배를 멀거니 쳐다보며 감히 항의 한 번도 못 해 보고, 남의 일인 양 구경만 하고 있었다. 그때 진한 홍시 빛깔 노을이 섬과 바다를, 온 세상을 피처럼 덮었다.

어디서 왔는지 거짓말처럼 까마귀 떼들이 마당에 시꺼멓게 내려앉았다. 여기저기서 섬사람들이 수군거렸다.

어젯밤 내내 섬이 울었다고.

정말 섬이 울었을까? 모두 정신이 들기 시작했는지 아낙 몇 명이 땅을 치며 통곡하기 시작했다.

"우덜은 인자 어찌 살꼬!…… 어찌 살꼬. 우덜은 인자……."

정신이 나가 멍청하게 서 있다가 고개를 돌리니 어디 있다가 왔는지 엄마가 목석처럼 서 있다. 엄마의 얼굴도, 하야 모시 적삼도 온통 노을에 물들어 홍시색깔이다. 나는 엄마에게 쓰러질 듯 기댔다. 엄마는 혼까지 흘려버린 듯 허깨비처럼 느껴졌다. 그 뒤, 아버지는 그놈들에게 학살당하고 시체는 바다에 던져졌다.

훗날 어른들을 통해서 안 사실이지만 섬에 들여보낸 붉은 완장들은 외부에서 원정 온 생소한 사람들이었고, 아버지의 죄명은 악질지주에서 특별히 악질 자를 뺀 그냥 지주라는 죄명이었다 한다. 더 기가 막힌 것은 아버지가 학살당할 때 아홉 살 된 막내딸년을 그냥 두고 눈을 감을 수 없으니, 내 재산 다 줄 테니 고 녀석이 열다섯 살 될 때까지만 살게 해 달라고 위엄도 자존심도 다 버리고 사정사정했다 한다. 나는 그 얘기를 들으면서 면도칼로 상처를 후벼 파는 아픔에 치를 떨었다.

아버지의 눈. 그 눈은 내가 살아오는 동안 손등에 눈물이 마르지 않게도 했지만 언 가슴을 따뜻하게 녹여주기도 했다. 그리고 바른길을 가르쳐 준 눈이기도 하다.

나는 아버지의 눈을 생각한다. 그리고 가만히 불러 본다.

"아-부-지-이……."

출산 장려, 출산 억제

"자녀는 평생 선물, 자녀끼리 평생 친구. 둘째 자녀 이상 낳아 양육수당 받으세요."

한국은 자식이 두 집에 하나꼴이라던가? 저출산 문제로 출산 장려에 난리다. "둘도 많다, 하나 낳고 알뜰살뜰, 덮어놓고 낳다 보면 거지꼴 못 면한다."하는 표어가 엊그제 같은데…….

내가 유년 시절을 보냈던 섬에서의 일이다. 그 섬은 말 그대로 낙도다. 섬사람들은 문명과는 상관없고, 행정력도 미치지 못한 고립된 섬. 유신 시절 출산 억제 때의 일이다.

6·25 사변 전까지만 해도 섬 주인이 있었다. 주인집에는 읍내 약방보다 더 많은 상비약을 준비해 놓았다. 병이 들면 목포 본가로 데려가 병원에서 치료를 해 주었다. 그래서 섬 사람들은 아픈 것에는 걱정을 모르고 살았다. 그런데 섬 주인이 사변 때 지주라는 명목으로 학살당하고 섬사람들은 끈 떨어진 연이 되어버렸다.

큰 섬에 장이 서는 날. 섬사람들의 필요한 것을 누군가 대표로 한꺼번에 사 온다. 그때 이장을 만나면 이런저런 소식을 듣고 온다. 그날은 공짜 병원 배가 다음 달 초나흘에 온다는 기쁜 소식을 가지고 왔다.

어부였던 외아들을 바다에서 잃고 백일도 안된 손녀를 두고 장에 간다던 며느리가 돌아오지 않아 속병이 들어버린 할매. 허리 아픈 아낙. 술병으로 얼굴이 까매진 아범. 머리에 부스럼으로 고생하는 아이…… 모두 공짜 병원 배를 눈이 빠지도록 기다렸다.

드디어 그날이 왔다. 모두 깨끗한 외출복으로 갈아입고 아침부터 병원 배를 기다렸다.

'아!' '통, 통, 통……' 섬 모퉁이를 돌아오는 하얀색 병원 배. 모두들 전마선에 올라 병원 배 가까이 갔다. 배에

는 커다랗게 빨간 열십자가 그려진, 생각보다 큰 배다. 배에 탄 하얀 가운을 입은 남자, 여자 대여섯이 저희끼리 뭐라 하면서 깔깔대고 웃는다. 그러면서 숫자대로 박스 하나씩 던져주고 여전히 깔깔대면서 뱃머리를 돌린다. '통, 통, 통……' 진찰은커녕 병원 배에 올라가 보지도 못했다. 허망한 섬사람들은 그래도 고맙기만 해 돌아가는 병원 배가 안 보일 때까지 고개를 숙이며 절을 했다. 각자가 자기한테 맞는 약이거니 하면서…….

집에 돌아와 할매는 상자를 열어봤다. 그 안에는 약이 가득했다. 입에 넣고 물을 마셨는데 무슨 고무 같은 것이 씹히지도 않고 삼켜지지 않았다. 그래서 가마솥에 넣고 푹푹

삶아 국물을 두 대접이나 마셨다. 그, 약이라는 것이 남성용 피임기구 콘돔이라는 사실도, 그런 것이 있다는 것조차도 모르는 섬사람들이다.

무식하고 순진한 그들에게 설명이라도 해줄 것이지……. 이 사실은 나중 육지로 군대를 갔다 온 청년한테서 들었다. 그 후 그것들을 입으로 불어 풍선을 만들어 아이들 공차기 놀이기구로 사용했다던가?

오래전에 이 이야기를 듣고 웃음이 나오기보다 어쩐지 화가 나고, 씁쓸하고, 슬픈 마음까지 들었던 건 어이 된 일일까.

겨울에는 동백꽃이, 여름에는 해당화가 만발하고 온통 홍시 빛 노을이 물든, 아름다운 그 섬에 가고 싶다.

향기등대

등대란 캄캄한 밤에, 또는 안개 자욱해서 사방을 가리지 못할 때 불빛으로 배의 방향과 길을 잡아주는 좌표이다.

작년 따뜻한 봄날이었다. 나의 절친 수필가 숙이 방문했다. 그의 손에는 손바닥만 한 조그만 화분이 들려 있었다.

이거 우리 집 나무를 나누어 온 건데 향기가 기막혀. 재스민 비슷한 향기야. 나는 거실 창가 바로 앞마당에 친구의 마음을 심듯이 심었다. 기후와 토양이 좋아선지 쑥쑥 자라 올봄에는 제법 큰 나무가 되었다. 재스민 꽃처럼 아주 조그만 별 같은 하얀 꽃이 수도 없이 달렸다. 웬일인지 향기가 없다. 그런데 해 질 녘이 되니까 꽃잎이 벌어지며 온 뜰 안에 향기가 가득한 것이 아닌가.

'이게 뭐지? 밤에만 향기 나는 꽃? 그래! 그거야.' 아스라하니 먼 옛날 일이 향기처럼 머릿속에서 피어난다.

내가 유년 시절을 보낸 타리라는 아버지 섬에서의 일이다. 섬의 양지바른 쪽에 우리 집이 있고, 뒤로 집이 아홉 채가 오순도순 모여 있는 아름다운 섬이다. 식구들이 먹고살 만한 밭과 어장이 생활 수단 전부이다.

겨울의 섬은 육지보다 눈이 많이 와 망망대해에 커다란 눈덩이가 둥둥 떠 있는 것 같다. 겨울에는 모든 것이 육지와 두절되고 고깃배들을 방파제에 단단히 묶어놓고 섬사람들은 날이 풀릴 때까지 감옥살이를 한다. 아낙네들은 집 안에서 고구마도 찌고, 메주도 쑤고, 헌 옷도 깁고 날을 보낸다. 남정네들은 그물 손질과 화투와 소주를 마시며 휴식을 취한다. 그러나 겨울에도 날씨가 좋은 날이면 농어가 엉뚱하게 많이 잡혀 쏠쏠한 수입을 올리기 때문에 섬사람들은 배를 타고 나간다. 그날도 그랬다. 새벽에 날씨가 좋아 배 한 척에 섬의 남정네들 일곱 명이 배에 올랐다. 바다로 나간 지 얼마 안 돼서 하늘이 어두워지더니 폭풍이 불기 시작

했다. 앞이 보이지 않게 비바람이 몰아치니 고깃배는 파도에 이리저리 밀리고 있다. 한 잎의 낙엽과 같다.

밤이 되니 비바람은 더욱 거세지고, 사방은 눈을 꽉 감은 것처럼 깜깜하다. 이럴 때 뱃사람들은 운명을 하늘에 맡기는 수밖에 없어 배 밑창에서 널브러져 있다. 나이가 제일 연장자인 선장은 갑판에 올라갔다. 돛이라도 새우려고, 한 발 띄면 두 발 미끄러지고. 두 발 띄면 다섯 발 미끄러지고……. 빗물인지, 바닷물인지 모르게 후려치는 물살에 뒹

굴면서 죽을힘을 다해 기어가 돛을 잡았다. 돛대도 쓰러지고 찢겼지만, 뱃사람들을 위해서 이 한목숨 바치려는 각오로.

노련한 선장은 등대의 불빛만 보고도 여기가 어디쯤인가 감을 잡는다. 그런데 이게 웬일일까? 어디서 날아오는 향기…… 선장은 그 향기를 향해 키를 돌렸다. 죽을힘을 다해서. 선장은 그대로 빗속에서 정신을 잃었다. 얼마쯤 걸렸을까 눈을 떠 보니 비바람은 거짓말처럼 자고, 약간 희끄무레한 속에서 검은 물체가 보인다.

"와! 섬이다! 섬!"

선장은 뱃사람들을 큰 소리로 불렀다. 모두 기어서 갑판으로 올라와 만세를 부르며 서로 부둥켜안았다.

점점 동이 트고 섬이 가까워져 왔다. 배의 무사를 기원하며 애간장이 다 녹은 섬사람들은 죄다 방파제에 나와서 뛰고, 울고불고했다.

뱃사람들은 다 각자 집으로 흩어졌는데 선장은 잠이 오지 않았다. '등대 역을 해준 그 향기가 뭘까? 틀림없이 우리 섬에서 날아온 그 향기가.'

날이 밝자 선장은 그 향기를 찾아서 섬을 뒤지기 시작했다. 온종일 뒤져도 그런 나무나 꽃은 찾을 수가 없었다. 저

녁이 다 되어서 선장은 지칠 대로 지쳐 섬을 내려오는데 오늘이 보름이었나? 둥근 달이 솟아오르고 있었다.

"아! 이 향기……."

다시 미친 듯이 돌아서서 산을 헤매다가 드디어 발견했다. 절벽 바위틈에서 하얀색 꽃을 송알송알 피우고 있는 풀 같은 나무였다.

밤에만 향기 나는 꽃, 향기등대, 타리 향, 야래 향…….

나는 거실 불을 끄고 창문을 열었다. 숙이가 가져온 감미로운 향기를 맡기 위해.

명색이 사람인 우리는 누구를 위해 밤에만 향기 나는 꽃처럼 향기등대가 될 수는 없을까?

시와 소설이 함께 들어 있는 수필

정해정 수필가의 수필

나태주

공주문화원장

1

문학 장르로서 중요한 것 세 가지는 시와 소설과 수필이다. 각각 형태도 다르지만 다루는 그 내용이 다르다. 시가 감정을 다루고 소설이 사건을 다루는 문학이라면 수필은 생각을 다루는 문학이다. 시와 소설이 서로 맞서 있다면 수필은 그 중간쯤에 위치해 있다고 할 수 있겠다. 그러므로 수필은 시적인 요소와 소설적 요소를 다 함께 포용할 수 있다는 장점을 지니고 있다. 정말로 날렵한 수필을 쓰는 작가들은 더러 그런 일을 해내기도 하는 것을 우리는 모르지 않는다.

정해정 선생. 미국 엘에이에서 활동하고 있는 수필가이며 시인이며 동화작가이고 화가이기도 한 분이다. 일견 재주가 많다는 느낌이 없지 않다. 미국 엘에이 쪽에 다섯 차례나 문학강연 목적으로 오가는 동안 여러 차례 만난 적이 있다. 그러나 제대로 만난 것은 2012년 3월, 방문 때의 일이다. 언제나 정답게 안내해주고 돌보아주는 이정아 수필가가 마련한 자리에서도 만났고 글마루문학회 회원들이랑 떠난 빅베어의 한 산장에서의 1박 2일의 문학여행이 특별하다.

그 모임에서 정해정 선생은 회장의 일을 맡고 있었는데 일을 지시하고 사람을 거느리고 그러는 회장이 아니라 사람들을 섬기고 모시는 그런 회장의 일을 하는 걸 보았다. 스스로 회원들의 먹을 음식을 준비하고 식사 시간을 챙기는 그런 회장이었다. 회원들에게 마치 엄마와 같았고 누이나 맏언니 같은 회장이었다. 그런 그분의 모습을 지켜보며 잔잔한 감동을 느꼈던 기억이 생생하다. 역시 그분은 자기답게 늘 웃는 얼굴이었고 모든 일에 긍정적이었고 희망적이었다.

그런 정해정 선생이 이번에는 이메일을 통해 책을 한 권 내겠으니 읽어보고 거기에 합당한 글을 써 달라는 청을 보내왔다. 왜 나인가, 처음 나는 그 이유를 쉽게 알지 못했다.

게다가 그분은 당신의 책에 직접 그린 삽화까지 넣는다고 했다. 이러면 일이 복잡해지는데, 생각하면서 보내온 글을 읽어보는 수밖에 없었다. 글을 읽으면서 왜 나인가? 하는 의문을 풀어낼 수 있었다.

한 마디로 정해정 선생의 수필은 수필이되 다른 이들의 수필과는 많이 차원이 다른 수필이었다. 우선 글 속에 강력한 이야기가 들어 있었고 시에 버금갈 만한 진한 서정이 숨쉬고 있었다. 아, 그래서 시를 쓰는 사람인 나한테 글을 읽혀보고 싶었고 또 글을 받고 싶었던 것이구나, 그 숨긴 마음을 헤아릴 수 있었다.

어떤 책에 대한 해설이든 발문이든 선결의 예의는 글을 찬찬히 한 편도 빼놓지 않고 읽어보는 일이다. 정말로 나는 바다 건너온 글을 찬찬히 읽어보았다. 글의 맛이 달랐다. 향기가 있었고 아픔이 있었고 그런 만큼 울림이 강했다. 세월의 간극을 넘어 오래가는 마음의 일렁임과 그림자와 거기에 따른 그리움이 살아 있었다.

나는 언제든 다른 사람이 쓴 좋은 글을 읽으면 두 가지 생각을 하곤 한다. 첫째는 '글은 사람이다.' 라고 말한 프랑스

사람 뷔퐁의 발언이고 두 번째는 '모든 글은 자서전이다.' 라는 나의 말이다. 그러하다. 정해정 선생의 글을 읽으면서 대뜸 갖게 된 생각은 정말로 뷔퐁의 말 그대로 정해정 선생의 글이 참 많이도 사람을 닮았다는 생각이다. 살갑고 부드럽고 향기롭기 글과 사람이 그럴 수 없이 닮아 있었던 것이다. 그리고 그분의 글은 전체가 당신의 유년으로부터 노년에 이르기까지 점철해온 아름답고도 가슴 아픈 인생 역정의 기록이었던 것이다. 그런 점에서 이 수필은 한 권의 자서전이라 할 수 있겠다.

2

정해정 선생의 수필은 우선 유년 시절의 아름답던 추억으로부터 출발한다. 그 추억의 중심에 부친과 모친이 있고 할머니도 더러 있고 참 좋았던 선생님(목일신 선생과 안석두 선생)이 있고 언니도 있고 첫사랑을 느낀 외국인 선교사도 있고 뱃사람이며 동네 사람들도 있다. 많은 글에서 정해정 선생은 그런 유년의 기억을 오늘의 기억과 연결시켜 감정의 파문을 일으키고 새로운 감동과 마음의 무늬를 만들어내고 싶어 한다.

정해정 선생의 수필을 스타일 면에서 보면(물론 글의 내용이 결정해주는 일이기도 하지만) 동화 같은 글이 있고 문명비판서 같은 글이 있다. 「개똥벌레의 여행」, 「도라지꽃」, 「재미있는 전쟁」, 「고마운 소」, 「첫사랑 고백」과 같은 글은 동화적 요소가 강한 글이고 「믿고 사는 세상」, 「비둘기 발가락」과 같은 글은 문명 비판을 담은 글이고 「탯줄」, 「네 잎 클로버」와 같은 글은 문화적 충격 내지는 세대 차에서 오는 감상을 나타낸 글이다. 그러나 정해정 선생의 글에서 돋보이는 점은 글이 무척이나 서정적이라는 점이다. 조금만 다듬으면 금방 시가 될 것 같은 문장들이 다수 눈에 들어온다. 금세 눈물 그렁그렁 맺힐 것 같은 촉촉한 감성의 내용들이다.

고향에 가고 싶다는 생각이 왈칵 밀려온다.
작은언니랑 마주 앉아 노오란 들국화가 둥둥 뜬 향기로운 국화차를 나누고, 국화꽃 베개에 누워 편안한 낮잠이 들고 싶기 때문일까.

지극히 마음의 선을 건드리는 부드럽고도 아름다운 문장

이다. 또 이런 문장은 어떠한가!

어느새 할매가 된 나는 지금도 그 생각만 하면 가슴이 더 저리다. 내 주름치마를 만지던 엄마 손가락에 끼워진 은가락지가 생각나 가만히 내 손을 들여다본다.

아! 주름진 내 손… 바로 엄마의 손이다.

이 얼마나 마음 깊이 기어드는 살가운 문장인가! 결코 격하지도 않으면서 사람의 마음을 어르고 달래고 흔들기도 하는 문장의 묘미. 이것이 문학의 힘이고 아름다운 문장이 가진 매직이 아니고 무엇인가.

정해정 선생의 글은 어떠한 글이든지 일단 측은지심에 뿌리내린 글이다. 측은지심이란 어떤 마음인가? 공자님이 말씀하신 어질음, 인의 마음이다. 이 마음은 또 부처님의 자비심과 만나고 예수님의 긍휼히 여기는 마음과 만난다. 봄의 마음이요 창조의 마음이요 희생과 봉사와 위로와 축복을 불러오는 마음이다. 감동 또한 이 마음에서 출발한다. 인간이 지닌 마음 가운데 최상의 마음이라면 바로 이런 마음이라고 생각한다. 바로 정해정 선생의 문장이 이러한 마음에 터전해서 쓰여졌다는 데에 우리의 감격과 감사와 기쁨은 머무는 것이다.

이번에 읽은 정해정 선생의 책 속에서 가장 아름다운 글 세 편을 뽑으라면 나는 서슴없이 다음 세 편을 고를 것이다. 첫 번째는 「울 엄마 은가락지」. 이 글은 아름답고 절절하기가 작은 동화 같기도 하고 또 산문시 같기도 하다. 가편 중에 가편이다. 그다음은 「아버지의 눈」이다. 이 글은 매우 마음이 아프다. 역사적 사실의 피안에 묻힌 가족사가 들어 있다. 그대로 서사 형식이다. 그러면서도 문장이 아름다운 건 글쓴이의 심성이 고와서 그런 것일 터이다. 그다음은 또 「향기등대」이다. 매우 현실적이지만 그 현실을 넘어선 판타지가 있다. 역시 서사 형식이 매우 가지런하다. 사람의 마음을 감싸 안는다. 관주가 머무는 문장 몇 부분을 옮기면서 문책(文責)을 면할까 한다.

아버지의 눈. 그 눈은 내가 살아오는 동안 손등에 눈물이 마르지 않게도 했지만 언 가슴을 따뜻하게 녹여주기도 했다. 그리고 바른길을 가르쳐준 눈이기도 하다.

나는 아버지의 눈을 생각한다. 그리고 가만히 불러 본다.

"아- 부- 지- 이-"

—「아버지의 눈」 마지막 부분

"아! 이 향기…"

다시 미친 듯이 돌아서서 산을 헤매다가 드디어 발견했다. 절벽 바위틈에서 하얀색 꽃을 송알송알 피우고 있는 풀 같은 나무였던 것이다.

밤에만 향기 나는 꽃, 향기등대, 야래 향…….

나는 거실에 불을 끄고 창문을 열었다. 숙이가 가져온 감미로운 향기를 맡기 위해.

명색이 사람인 우리는 누구를 위해 밤에만 향기 나는 꽃처럼 향기등대가 될 수는 없을까?

—「향기등대」 마지막 부분

결론적으로 말해 정해정 선생의 수필은 형식적으로는 수필이지만 동화적 요소나 시적 요소를 함께 지닌 수필로서 매우 아름답고 아기자기하며 가슴속에 잔잔한 감동을 주는 글이라 할 것이다. 그 사람 자신이 정답고 살갑듯이 글 또한 그렇다 할 것이며 또한 그분의 글 전체를 합하면 그분의 인생 역정을 모두 합한 한 권의 자서전이 된다고도 할 것이다. 좋은 책을 내시는 일에 축하의 마음을 보태면서 멀리 바다 건너 동참하는 사람의 기쁨 또한 작지 않다.

새로 나오는 책과 더불어 더욱 건강하시고 더욱 명랑하시고 더욱 정다우시고 밝으시기 빕니다.